KB273253

축복하는 삶
축복받는 인생

축복하는 삶
축복받는 인생

첫판 1쇄 펴낸날 2017년 4월 10일
첫판 2쇄 펴낸날 2019년 4월 10일

지은이 송규의
편집·발행인 김은옥
꾸민이 황지은
펴낸곳 올리브북스

주소 경기도 부천시 원미구 신흥로 173
전화 032-233-2427
이메일 olivebooks@naver.com
블로그 blog.naver.com/olivebooks
인스타그램 instagram.com/olivebooks_publisher

출판등록 제387-2007-00012호(2007년 5월 21일)

ISBN 978-89-94035-33-8 03230

이 도서의 국립중앙도서관 출판예정도서목록(CIP)은 서지정보유통지원시스템 홈페이지(seoji.nl.go.kr)와 국가자료공동목록시스템(www.nl.go.kr/kolisnet)에서 이용하실 수 있습니다.
(CIP제어번호: CIP2017006843

세상은 행동하는 사람에 의해 움직입니다. 소중한 경험, 따뜻한 시선을 가진 원고, 참신한 기획의 소재가 있으신 분은 올리브북스와 의논해 주십시오. 그 원고가 세상의 소금과 빛이 될 수 있도록, 최고의 책으로 빛날 수 있도록 정성을 다하겠습니다.

총판 기독교출판유통 | 031-906-9191(전화), 0505-365-9191(팩스)

축복하는 삶
축복받는 인생

삶을 변화시키는 축복의 능력

송규의 지음

올리브북스
Olive Books

복의 근원이신
하나님을 찬양하며

송규의 목사님은 가슴이 따뜻한 목회자다. 특히 소외된 이들에 대한 관심과 사랑은 그만이 나타낼 수 있는 온기 있는 색깔이고 은혜인 것 같다.

나는 송 목사님의 설교를 들을 때마다 삶의 고백에서 나오는 깊은 은혜를 받는다. 우리는 신학생 때 기숙사에서 잠깐 함께 방을 사용한 인연이 있다. 그때는 잘 몰랐지만, 한국 사회가 암울했던 당시, 목사님은 몹시 방황했었다. 그의 마음이 귀하였기 때문이다. 나라를 위한 뜨거운 사명감, 가난한 이들에 대한 애정, 불의한 세력에 대한 분노가 있었다. 그래서 오랜 시간 노동 현장에서 우리 사회의 모순을 온몸으로 겪기도 하였다.

그러나 어머니의 기도로 주님은 목사님을 다시 교회로 돌아오게 하였다. 그렇지만 목회 현장에서 주님의 은혜가 없음을 깨닫고 자신의 영성 회복을 위해 몸부림쳤다. 그가 주님의 은혜의 통로로 쓰임 받는 것은 진실한 고백과 깨어짐 때문일 것이다.

목사님께서 신학생 때부터 고민했던 이웃을 사랑하는 교회에 대한 비전은 지금의 목회 현장에서 아름답게 열매 맺어가고 있다. 지역 사회를 섬기는 교회, 소외된 이웃을 사랑하는 목회, 가정을 회복시키는 사역은 나에게 큰 도전과 은혜가 되었고 기쁘기 그지없다. 이것은 내가 그를 좋아하고 존경할 수밖에 없는 이유이기도 하다.

송규의 목사님은 일 년에 한 가지 주제를 택해서 주일 설교를 하는데, 이 책은 '축복'을 주제로 설교했던 해의 것이다. 축복의 관점으로 성경을 보고 성경의 축복이 얼마나 놀랍게 삶을 새롭게 하는지를 체험을 통해 전한 설교다.

한국 교회의 위기가 기복 종교화하는 것이기에 복을 받기 위해 예수님을 믿는 것은 조심할 일이다. 그러나 우리에게 복 주시는 하나님이심은 누구도 부인할 수 없는 성경의 진리요 복음이다. 목사님은 이 메시지를 잘 풀어내었다.

하나님께서 주시려는 복이 무엇인지, 우리를 복되게 하셔서 하나님께서 이루시려는 것이 무엇인지, 그리고 어떻게 하나님의 복을 누리며 살 수 있는지에 대해 잘 정리해 주었다.

이 책을 읽으면서 주일마다 목사님의 설교를 듣는 교인들은 얼마나 행복할까 하는 생각이 들었다. 왜냐하면 나에게도 큰 위로와 치유, 회복의 시간이 되었기 때문이다.

송규의 목사님의 설교가 은혜로운 것은 그가 많은 상처와 연단을 받았기 때문이다. 상처와 연단을 통해 주님을 만나고 치유받고 회복되었기에 상처받은 이들의 진정한 위로자가 될 수 있었다.

신앙생활을 처음 시작하는 이들이 이 책을 읽으면 너무나 큰 도움이 될 것 같다. 그러나 신앙생활을 오래했지만 심령이 상하고 메마른 이들에게 더 권해 드리고 싶다. 분명 우리 주님의 따뜻한 위로와 사랑을 받게 될 것이다.

유기성 목사
선한목자교회

축복으로
충만한 삶

자녀 축복권

이스라엘 백성의 탁월함은 자녀 축복권에 있었다. 그래서 나는 내 아이들을 오직 칭찬과 격려와 축복과 기도로만 양육하기로 했다. 왜냐하면, 아이들에게 특별하게 물려줄 유산이 없기 때문이다. 내가 축복하면 하나님께서 축복해 주실 것이라는 믿음으로 아들과 딸을 위해 매일 기도하고 축복했다.

새벽에는 아이들 방에 들어가 이불을 덮어 주면서 축복 기도해 주었고, 저녁에는 민수기 6장 24절 말씀으로 축복했다.

"여호와는 네게(○○에게) 복을 주시고 너(○○)를 지키시기를 원하며, 여호와는 그의 얼굴을 네게(○○에게) 비추사 은혜 베푸시기를 원하며, 여호와는 그 얼굴을 네게로(○○에게로) 향하여 드사 평강 주시기를 원하노라."

어느 날 밤, 아들이 잠자리에 들면서 "아빠, '여호와는~' 해줘"
라고 하는 것이다. 아들에게 기도해 주는데 딸이 자기 방에서 소리
질렀다.

"나 축복 기도 안 받아."

얼른 달려가서 딸을 달랬다.

"왜 그래"

"왜 맨날 오빠부터 기도해 주는 거야. 나 기도 안 받아."

다음 날 딸에게 먼저 기도해 주고, 아들에게 기도해 주는데 갑자
기 딸이 고래고래 소리를 지른다.

"내일부터 나 기도 안 받아."

얼른 달려가서 왜 그러냐고 물었더니 녀석의 말이 가소롭다.

"왜 나는 짧게 해주고, 오빠는 길게 해주는 거야."

아들의 첫 기도

아들이 네 살 때, 우리는 식탁에서 누가 기도할지 아들에게 선택
하게 한다. 엄마를 지목하면 엄마가 식사 기도하고, 아빠를 지목하
면 아빠가 했다. 그런데 오늘은 자기가 한다는 것이다. 내심 설레
고 기대가 되었다. 아들이 태어나서 처음으로 하나님께 대표로 기
도하겠다고 자청했으니 말이다. 눈을 감고 머리를 숙였다. 그리고
내 귀를 의심했다.

"와따 마따라 $%*$#@ ~ 까르르~"

아들은 방언 기도 흉내를 내고 있었다. "이 녀석이" 하고 야단치고 싶었지만 그럴 수 없었다. 자칫하면 평생 기도에 대한 상처를 안고 살아갈 수도 있기 때문이다.

"아들아, 하나님께서는 진심으로 하는 기도를 기뻐하신단다."

이렇게 말하고 우리는 다시 식사 기도를 하지 않았다. 장난스러운 아들의 기도도 하나님께서 들었을 것으로 생각했기 때문이다.

그 후로도 아들은 장난치는 기도를 포기하지 않았고, 6개월 동안이나 계속되었다. 그러던 어느 날 자기가 또 기도한다고 했다.

"하나님, 아빠 설교 잘하게 해주시고, 동생 주하 머리털 나게 해주시고, 엄마가 해주신 밥 잘 먹게 해주세요."

이번에는 제대로 기도했다. 이 시간을 얼마나 기다렸던가.

"네가 진지하게 진심으로 하는 기도, 아빠도 이렇게 좋은데 하나님 아버지는 얼마나 기뻐하시겠니?"

아들을 안아주면서 칭찬해 주었다. 그때 기뻐하는 아들의 표정을 잊을 수가 없다. 그날 이후로 아들은 더는 장난치는 기도를 하지 않았다.

내 딸은 약하게 태어났다. 보통 두세 살이면 오줌을 가리는데 딸아이는 네다섯 살 때도 밤마다 이불에 오줌을 쌌다. 새벽 기도 가면서 나는 오줌 싼 딸을 안아주고, 아내는 속옷과 이불을 바꾸어 주었다. 그리고 "주하야, 네가 오줌 싸도 아빠는 너를 사랑해"라고 말해 주었다.

딸아이는 일곱 살에도 여전히 소변을 가리지 못했다. 아내는 이불이 해질 정도로 숱하게 빨래를 해야 했다. 그래도 단 한 번도 이 일로 뭐라고 하지도 야단치지도 않았다. 어느 날 부흥회를 인도하고 밤늦게 집에 들어갔는데, 아내가 딸의 말을 전해 주었다.

"여보, 오늘 새벽에 오줌 싼 옷 바꿔 입히는데, 주하가 나 들으라는 듯이 '내가 오줌 싸도 아빠는 나를 사랑한댔다. 나를 사랑한댔다' 그러더라."

마음이 찡했다. 일곱 살이 되었는데도 아직 소변을 못 가리는 자신이 너무 창피했을 것이다. 엄마에게도 창피했을 것이다. 자신에 대한 모멸감이 자존심을 벼랑 끝으로 내몰았을 것이다. 벼랑 끝에서 추락하지 않으려고 아빠가 한 말에 대롱대롱 매달리고 있었다.

"아빠는 내가 오줌 싸도 나를 사랑한댔다."

이 말은 '모든 사람이 비난해도 아빠는 나를 비난하지 않아. 모

두 나를 창피하게 생각해도 아빠는 나를 창피하게 생각하지 않아'
라는 것이다.

다음 날 새벽, 딸아이 이불을 들쳐보았는데 뽀송뽀송했다. 그다
음 날도, 그다음 날도 딸은 이불에 오줌을 싸지 않았다. 참 신기했
다. 자기 모멸의 벼랑 끝에서 자기 입으로 "아빠는 내가 오줌 싸도
나를 사랑한댔다"라고 고백하는 순간 야뇨증이 사라진 것이다. 축
복이 이겼다. 끝까지 기다려주고, 사랑해 주고, 덮어주는 축복이
야뇨증을 이긴 것이다.

자녀를 탁월하게 하는 축복의 힘

초등학교 때 백범이의 성적은 중간 정도였다. 그렇다고 과외를
시킬 형편은 아니었다. 우리는 축복의 능력을 믿었다. 아들이 중학
교 올라가서 첫 시험을 보고 성적표를 받았을 때 정말 크게 실망했
다. 이 성적으로는 도저히 서울에 있는 대학에 갈 수가 없었다. 아
내는 심각하게 말했다.

"여보, 백범이 이대로는 안 되겠어. 당신이 영어를 가르치고, 나
는 수학을 가르치면 어떨까?"

나는 정색하며 말했다.

"여보, 그러지 말자. 평생 공부하며 살 텐데. 공부 가르치면서
분명히 아이와 다툴 거야. 억지로 시키면 자칫 부작용이 생길 수도

있어. 내가 책임질게. 공부 가르칠 생각하지 마.”

이 일로 아내는 일주일 동안 내게 말도 하지 않았다. 아들을 위한 좋은 의도는 아들 망치는 엄마로 매도당했고, 아무것도 하지 않는 나는 괜찮은 아버지가 된 셈이었다.

나는 축복이 아이들을 탁월하게 한다는 믿음을 굳게 붙들었다. 아들은 중학교 1학년 때는 전교 60등을 하더니, 2학년 때는 30등으로 올라갔다. 나는 매일 밤 아들 방에서 아들과 친구 관계나 학교생활에 대한 이런저런 얘기를 많이 했다. 어느 날 아이가 부탁 하나를 했다.

“아빠, 3학년 때 전교 10등 안에 들면 휴대전화 사주세요. 학교에서 휴대전화 없는 사람은 저밖에 없어요.”

“그래, 알았어. 네가 10등 안에 들면 10만 원대 휴대전화 사주고, 20등 안에 들면 20만 원 대, 30등 안에 들면 30만 원대에서 사줄게. 만약 30등보다 더 떨어지면 대한민국에서 가장 비싼 전화기 사줄게.”

아이는 어이없다는 듯이 씩 웃었다. 그리고 3학년 첫 시험에서 전교 9등을 했고 나는 약속대로 공짜 전화기를 사주었다. 축복이 베풀어지는 가정은 아이가 실패했을 때 위로가 되고 격려가 되는 곳이어야 한다.

아이들은 신학기 때 종종 반장으로 선출되었는데 집으로 돌아오는 발걸음이 경쾌하고 신이 나 있다.

“아빠, 나 반장 됐다.”

기뻐하는 아이를 안아주고 뽀뽀해 주면서 말해 준다.

“네가 정말 자랑스럽고 대견하다.”

이뿐이다. 선물도 없고 용돈도 없다. 반장으로 선출된 것이 선물이기 때문이다. 반장 선거에 떨어져서 풀이 죽어 들어올 때는 다르다.

“친구들이 아직 네가 얼마나 괜찮은 아이인지 모르는구나. 괜찮아, 사랑해.”

그리고 위로의 파티를 열어준다. 이날은 용돈도 주고, 옷과 신발도 사주고, 영화 관람에 외식까지 한다. 경쟁에서 진 것이 마음의 상처로 남지 않도록 위로해 주는 것이다.

나는 내 아이들을 축복으로 키웠다. 가난한 개척 교회 목사라 사교육은 엄두도 낼 형편이 아니었고, 부부가 손발 걷어붙이고 가르치지도 않았다. 오직 칭찬과 격려와 사랑과 기도와 축복으로 키웠다.

아이들에 대해 끝없이 인내했고 칭찬하고 안아 주면서 “사랑하고 축복한다”고 말해 주었다. 사랑과 축복을 받고 성장한 아이들은 자신들이 희망하는 대학에 들어갔다. 그리고 꿈을 이루기 위해 도전하며 성실하게 살고 있다. 축복이 옳았다. 성경이 옳았던 것이다.

축복의 세 가지 영역

첫째 영역은 자기 자신에 대한 축복이다.

자신을 축복하는 것은 모든 축복의 시작이다. 내가 나를 사랑하지 않으면 다른 사람도 나를 사랑할 수 없다. 내 안에 열등감과 상처가 있으면 축복이 아니라 상처가 흘러간다. 그래서 나도 모르는 사이에 사랑하는 사람에게 고통과 아픔을 줄 수 있다. 아내(남편)는 다른 사람 때문에 슬픈 것이 아니라 남편(아내)인 나 때문에 외롭고 슬프다.

자신을 축복하면 내 안에 있는 열등감이 치유되기 시작한다. 축복은 하나님께서 나를 사랑하신다는 것을 자신에게 선포하는 것이다. 축복은 하나님의 눈으로 나를 바라보는 것이다. 하나님의 사랑으로 나를 위로하고 치유하는 것이다.

자신을 축복하기 위해 다음 두 가지를 실천해 볼 것을 권한다.

첫 번째, 잠자리에서 일어날 때 기지개를 켜면서 세 번 선포한다.

"하나님 사랑합니다. 나는 소중한 사람, 모든 것이 잘될 줄 믿습니다."

하나님을 사랑한다고 고백하면 하나님의 사랑이 내 마음에 흐른다. 하나님의 사랑이 흐르면 내 자신이 소중한 사람임을 알게 되고, 소중한 사람이라는 믿음은 주님 안에서 행하는 모든 것이 형통할 것이라는 소망이 생기게 한다.

두 번째, 잠들기 전에 오늘 하루를 돌아보면서 감사 기도를 드리자.

감사 일기를 쓰는 것도 좋은 방법이다. 이때 속상한 일, 후회스러운 일은 적지 않는다. 속상한 일이 있어도 그 일을 통해 감사한 것은 없는지 생각해 보자. 감사의 조건이 대단할 필요는 없다. 출근길 햇볕이 따뜻해서 감사하고, 승강기에서 만난 아기 눈망울이 사랑스러워서 감사하고, 보도블록 사이에 핀 노란 민들레가 예뻐서 감사하다고 써도 된다. 매일 다섯 가지 감사를 찾아 기도하면, 내 안에 그늘진 모든 생각과 상처가 치유될 것이다.

둘째 영역은 가족에 대한 축복이다.

축복이 베풀어지는 가정이 최고의 가정이다. 축복이 베풀어지는 가정은 "다시 태어나도 당신과 결혼하겠다", "세상에 우리 집보다 더 행복한 집이 있을까?"라는 고백이 나올 수밖에 없다. 가화만사성이다. 세상에서 출세하고 성공해도 가정생활에 실패하면 불행한 인생이다. 가정이 인생의 행복과 불행을 가름하는 잣대다.

우리에게 있는 참으로 이상한 점은, 다른 사람에게는 친절하고 상냥하면서 가족에게는 함부로 대하는 것이다. 이런 태도를 바꾸는 것이 축복의 첫걸음이다.

아침저녁으로 안아 주면서 "사랑하고 축복한다"고 말하고, 잠자기 전에는 민수기 6장 24절 말씀으로 기도해 주자(7쪽 참조). 아론의 축도라고 불리는 이 말씀에는 하나님의 능력과 약속이 있다.

셋째 영역은 이웃에 대한 축복이다.

이웃을 축복하는 것은 "네 이웃을 네 몸처럼 사랑하라"는 예수님 말씀을 실천하는 것이다. 이웃을 축복하면 나의 보람과 행복지수가 높아진다.

어느 상담소에서 열 명의 참가자에게 10만 원씩 주면서 하루 동안 자신을 위해 사용하고, 다른 열 명의 참가자에게는 다른 사람을 위해 사용하라는 과제를 주었다. 출발하기 전과 과제를 수행한 후의 행복도 조사를 했는데, 자신을 위해 돈을 사용한 참가자들보다 다른 사람을 위해 사용한 참가자들의 행복지수가 두 배 더 높다는 결과가 나왔다. 마이클 노턴 하버드 대학교 교수는 같은 돈을 쓰더라도 자신보다 다른 사람을 위해 쓸 때 행복도가 훨씬 높다고 했다.

다시 한번 정리하면,

첫째, 자기 자신을 축복하라.

아침마다 선포 기도(하나님 사랑합니다. 나는 소중한 사람, 모든 것이 잘될 줄 믿습니다)를 하고, 저녁에는 감사 일기(감사한 일 다섯 가지)를 쓰자.

둘째, 가족을 축복하라.

하루에 두 번씩 아침저녁으로 안아주면서 "사랑하고 축복한다"라고 말하고, 잠자리에서는 민수기 6장 24절 말씀으로 축복하자.

셋째, 이웃을 축복하라.

하루에 좋은 일 한 가지씩 행하고, 사랑의 저금통을 채우면서 우리의 어려운 이웃을 기억하고 기도하자.

나는 이것을 교회에서 '축복훈련'이라는 주제로 맥추감사절(7월)부터 추수감사절(11월)까지 교인들과 함께 진행했었다.

이 책에 정리한 글은 내가 가정에서 축복을 베풀면서 깨달은 것들이다. 성경 속에 숨어 있는 축복의 원리와 방법을 찾아가는 안내서가 되기를 바란다. 그리고 이 책이 당신에게 축복이 되기를 진심으로 소망한다.

목차

멀리 있는 사람들을 사랑하는 것은 오히려 쉽습니다. 그러나
우리에게 가까이 있는 사람들을 항상 사랑하기란 쉽지 않습니
다. … 여러분의 가정에 사랑을 가져 오십시오. 이곳이야말로
우리 서로를 위한 사랑이 시작되는 장소이니까요.
– 마더 데레사, 《모든 것은 기도에서 시작됩니다》 중에서

축복의 원리와 축복의 힘

너를 축복하는 자에게는 내가 복을 내리고

너를 저주하는 자에게는 내가 저주하리니

땅의 모든 족속이 너로 말미암아 복을 얻을 것이라 하신지라.

창세기 12장 3절

축복하시는 하나님

하나님이 자기 형상 곧 하나님의 형상대로 사람을 창조하시되 남자
와 여자를 창조하시고 하나님이 그들에게 복을 주시며 하나님이 그
들에게 이르시되 생육하고 번성하여 땅에 충만하라, 땅을 정복하라,
바다의 물고기와 하늘의 새와 땅에 움직이는 모든 생물을 다스리라
하시니라(창세기 1장 27-28절).

인생을 바꾸는 축복의 능력

성경에 나오는 인물들을 면면이 살펴보면 평범한 인생이 없다.
그 대표적인 인생이 야곱이다. 에서의 분노를 피해 험난한 여정 끝
에 어머니의 고향에 도착했다. 그곳에서 만난 외삼촌 라반의 딸 라
헬에게 완전히 마음을 빼앗겨 버렸다. 야곱은 라헬을 얻기 위해 7
년 동안 머슴처럼 일했다.

드디어 그토록 원한 라헬과 결혼하고 첫날밤까지 보냈는데 다음 날 아침에 보니 라헬의 언니 레아가 옆에 누워 있었다. 정말 미치고 환장할 노릇이다. 라반에게 따져 물었지만 때는 이미 늦었다. 결국, 라헬과 결혼하기 위해 7년을 더 일해야 했다.

형을 피해 도망갈 때는 빈털터리였지만 지금은 라반의 집에서 결혼도 하고 재산도 제법 많이 모았다. 이제는 남부러울 것이 없는 거부가 된 것이다. 여유 있게 살 만해지자 이제는 외삼촌 라반이 죽이려 한다. 급히 가족과 재산을 챙겨 도망 나왔는데 갈 곳이 없다. 다른 부족에게 가면 모든 재산 빼앗기고, 가족들 욕보이고 노예로 살 것이 분명했다. 어쩔 수 없이 형 에서에게 갈 수밖에 없었다. 피할 수 없는 형과의 만남이 큰 산처럼 다가왔다. 설상가상으로 형 에서는 장정 4백 명을 거느리고 야곱에게 오고 있었다.

두려움과 고민에 휩싸인 야곱은 에서의 마음을 풀어 보려고 소떼와 양 떼를 1진, 2진, 3진으로 나누어 앞세우고 가족까지 앞서 보냈다. 그러나 정작 자신은 얍복 나루를 건너지 못하고 두려움에 떨면서 하나님께 간절하게 기도했다.

"할아버지 아브라함을 보살펴 주신 하나님, 아버지 이삭을 보살펴 주신 하나님, 고향 친족에게로 돌아가면 은혜를 베푸시겠다고 저에게 약속하신 주님, 부디, 제 형의 손에서, 에서의 손에서, 저를 건져 주십시오. 형이 와서 저와 아내들과 자식들까지 죽일까 두렵습니다"(창 32:9, 11 새번역).

그날 밤 하나님의 천사가 야곱에게 왔다가 새벽에 떠나려 하자 야곱이 천사를 붙들었다.

"당신이 내게 축복하지 아니하면 가게 하지 아니하겠나이다."

야곱이 허벅지 관절이 어긋나도록 결사적으로 매달린 것은 오직 '축복' 때문이다. 결국 축복을 받아내었고, 이 축복이 야곱의 인생을 바꾸었다.

구약 성경에서 가장 중요한 한 단어, 축복

이스라엘은 격정의 세월을 살았던 민족이다. 이집트에서는 노예 생활을 했고, 이집트를 탈출한 후에는 광야에서 헤매야 했고, 간신히 가나안 땅에 정착한 후에는 블레셋 민족에게 시달렸다. 나라를 세웠지만, 바벨론 제국에 의해 멸망당하고 포로생활을 했다.

70년 만에 포로생활을 마치고 나라를 재건했지만, 로마의 침략 앞에 무릎 꿇었고 식민지가 되었다. 민족 해방을 위해 로마에 저항했다가 완전히 파멸되어 나라 없이 2천 년을 뿔뿔이 흩어져 살아야 했다. 70여 년 전에는 히틀러에 의해 6백만 명에 이르는 유대인이 학살되기도 했다.

그래도 그들은 살아남았다. 악착같이 살아남아 1948년에 이스라엘을 다시 세웠다. 간신히 살아남는 것이 아니라 탁월한 민족으로 살아남았다. 유대인은 전 세계 인구의 0.2퍼센트밖에 안 되지만 노벨상의 22퍼센트를 그들이 받았다.

험난한 삶을 살아온 유대인들이 탁월한 민족을 이룬 비결은 무엇일까? 그 비결은 바로 축복의 전통에 있다. 유대인들에게 성경은 구약뿐이다. 구약 성경에서 가장 중요한 한 단어를 뽑는다면 단연코 축복일 것이다. 말씀으로 증명할 수 있다.

하나님이 그들에게 복을 주시며 하나님이 그들에게 이르시되 생육하고 번성하여 땅에 충만하라(창 1:28).

태초에 하나님이 천지를 창조하신 후에 인간을 만드셨다. 인간을 창조하신 후에 제일 먼저 주신 것은 축복이었다. 그런데 하나님께서 창조한 인간이 축복을 발로 차버리고 타락의 길을 걸었다. 보다 못한 하나님은 세상을 홍수로 심판하셨다. 노아와 그의 가족들만 구원하고 모두 멸하셨다. 인류를 다시 시작하는 노아에게 하나님께서 하신 일이 무엇인지 아는가? 축복이었다.

하나님이 노아와 그 아들들에게 복을 주시며 그들에게 이르시되 생육하고 번성하여 땅에 충만하라(창 9:1).

그러나 이 축복도 발로 차버리고 바벨탑을 쌓기 시작했다. 언어를 혼란하게 하여 다 흩으신 후에 하나님께서 직접 역사에 개입하기 시작하셨다. 그 주인공이 아브라함이다. 아브라함을 부르시고 이렇게 말씀하신다.

> 내가 너로 큰 민족을 이루고 네게 복을 주어 네 이름을 창대하게 하리니 너는 복이 될지라 너를 축복하는 자에게는 내가 복을 내리고 너를 저주하는 자에게는 내가 저주하리니 땅의 모든 족속이 너로 말미암아 복을 얻을 것이라(창 12:2-3).

개역개정은 "복이 될지라"로 번역했는데, 예전 성경은 "너는 복의 근원이 될지라"이다. 아브라함이 복의 근원이 되었다. 아브라함으로부터 축복의 전통이 흘러간다.

아브라함은 아들 이삭을 축복했다. 이삭은 야곱을 축복하고, 야곱은 열두 아들을 축복했다. 이 축복의 전통은 3천 년, 4천 년이 흐른 지금에도 계속되고 있다. 이스라엘 민족은 지금도 안식일에 부모가 자식을 축복한다. 축복의 전통이 험난한 인생을, 지긋지긋한 이스라엘 역사를 풀어간 열쇠가 된 것이다.

축복은 하나님의 약속

축복은 하나님이 사람에게 하는 것이 아니라 사람이 사람에게 하는 것이다. 하나님이 사람에게 복을 주시는 것은 축복이라고 하지 않고 '강복'이라고 한다. 축복은 사람이 사람에게 하나님께서 복을 주시도록 기원하는 것이다.

자기 자신에게, 자녀에게, 아내에게, 남편에게, 가정에, 직장에 하나님께서 복을 주시도록 기도하는 것이 축복이다. 요즘은 하나님이 내려 주시는 복을 축복이라고 표현하는 것이 일반화되었다.

"하나님, 우리 가정을 축복해 주세요"라고 하는 경우가 많은데, 문법적으로는 "하나님, 우리 가정에 복을 내려 주세요"가 맞는 표현이다. 하지만 우리는 "하나님, 우리 가정을 축복해 주세요"를 오랫동안 사용해 왔고, 일반화되었기 때문에 굳이 구별해서 사용하지 않아도 될 것 같다.

축복은 하나님의 약속이다. 내가 누군가를 축복하면 하나님은 내가 축복한 사람을 축복해 주신다. 아브라함이 이삭을 축복했기 때문에 이삭이 하나님의 복을 받았다. 이삭이 야곱을 축복했기 때문에 하나님이 야곱에게 복을 주셨다. 만일 이삭이 야곱이 아니라 에서를 축복했다면 하나님은 에서에게 복을 주셨을 것이다. 그러면 야곱의 아들들이 아니라 에서의 아들들이 하나님의 축복을 받았을 것이다.

내가 누군가를 축복하면 그 사람이 복을 받는다. 이것은 축복에 대한 믿음이다. 하나님은 아브라함에게 "너는 복의 근원이 될지라"고 약속하셨다. 그래서 아브라함과 그 자손에게 축복권이 있는 것이다. 우리는 믿음으로 아브라함의 자손이다. 우리가 축복하면 복이 임하고 저주하면 저주가 임할 것이다.

예수님이 베드로에게 너는 반석이라 네 위에 교회를 세우겠다고 말씀하시면서, "내가 천국 열쇠를 네게 주리니 네가 땅에서 무엇이든지 매면 하늘에서도 매일 것이요 네가 땅에서 무엇이든지 풀면 하늘에서도 풀리리라"(마 16:19)고 하셨다.

하나님의 자녀 된 우리에게는 천국 열쇠가 있다. 축복의 권세가 있다. 우리가 축복하는 사람을 하나님께서 축복하신다. 이것이 하나님의 약속이다.

아침마다 선포 기도를 하자.

"하나님 사랑합니다, 나는 소중한 사람, 모든 것이 잘될 줄 믿습니다."

여러분은 아침에 어떻게 일어나는가? 아내는 "아, 지겨워. 누가 밥 안 해 주나" 하며 짜증스럽게 일어나고, 남편은 "아, 피곤해. 출근하기 싫다" 하며 힘겹게 일어나는가? 그러면 세상에 흩어져 있던 온갖 피곤과 짜증스러운 일들이 밀려온다.

"하나님 사랑해요. 나는 하나님의 작품입니다. 모든 것이 잘될 줄 믿습니다."

이렇게 선포하고 일어나면, 세상에 온갖 좋은 것들이 "지금 나를 부르나?" 하고 달려올 것이다.

선포 기도는 믿음, 소망, 사랑에 뿌리를 두고 있다. 하나님을 사랑한다는 고백이 '사랑'이고, 나는 하나님의 작품이라는 고백은 '믿음'이다. 그리고 모든 것이 잘될 것이라는 선포는 '소망'이다. 매일 아침 이 세 가지를 선포하며 일어나자. 축복의 문이 활짝 열릴 것이다.

02

축복의 시작, 안수

사람들이 예수께서 만져 주심을 바라고 어린아이들을 데리고 오매 제자들이 꾸짖거늘 예수께서 보시고 노하시어 이르시되 어린아이들이 내게 오는 것을 용납하고 금하지 말라. 하나님의 나라가 이런 자의 것이니라. 내가 진실로 너희에게 이르노니 누구든지 하나님의 나라를 어린아이와 같이 받들지 않는 자는 결단코 그 곳에 들어가지 못하리라 하시고 그 어린아이들을 안고 그들 위에 안수하시고 축복하시니라(마가복음 10장 13-16절).

안수에서 시작되는 축복

사람들이 예수님의 만져 주심을 바라고 어린아이들을 데리고 왔다. 그러나 제자들은 어린아이들이 예수님께 오는 것을 가로막았다. 바로 그때 좀처럼 화를 내지 않으시는 예수님이 제자들에게 버럭 화를 내셨다.

예수께서 보시고 노하시어 이르시되 어린아이들이 내게 오는 것을
용납하고 금하지 말라 하나님의 나라가 이런 자의 것이니라

(막 10:14).

예수님이 바리새인들에게 화를 내신 적은 몇 번 있었지만, 제자들에게 화를 내신 적은 이전에도 이후에도 없다. 오직 이때 한 번 제자들을 단단히 야단치셨다.

예수님은 축복이 흘러가는 것을 막는 그 어떤 것도 용납하지 않으셨다. 어린아이들이 예수님의 축복을 받을 때 얼마나 놀라운 은혜가 흐르는지 제자들은 알지 못했다. 예수님이 안아 주시고 만져 주시고 안수하실 때 아이들의 삶이 놀랍게 변화될 것을 제자들은 모른 것이다. 축복의 능력을 모르기 때문에 어린아이들이 예수님께 오는 것을 막고 꾸짖은 것이다. 예수님은 아이들을 안아 주시고 축복해 주시는 것을 너무 좋아하셨다.

그 어린아이들을 안고 그들 위에 안수하시고 축복하시니라

(막 10:16).

모든 축복은 안수에서 시작된다. 안수를 통해서 축복이 흘러가는 것이다. 아브라함이 이삭을 안수했기 때문에 축복의 주인공이 될 수 있었다. 이삭은 에서가 아니라 야곱을 안수했다. 그래서 축복이 장남인 에서에게 흘러가지 않고 둘째인 야곱에게 흘러갔다. 야곱이 열두 아들을 안수했고, 열두 아들은 축복을 받아 열두 지파의 시작이 되었다.

그런데 야곱이 죽기 전에 안수한 사람이 있다. 요셉이 아버지의 생명이 다해가는 것을 알고 두 아들 므낫세와 에브라임을 야곱에게 데리고 왔다. 야곱이 묻는다.

"이 아이들이 누구냐?"

"이들은 이곳에서 하나님께서 저에게 주신 자식입니다."

"그렇구나, 아이들을 나에게로 가까이 데리고 오너라. 내가 축복하겠다."

야곱은 나이가 많아 눈이 어두워서 앞을 볼 수가 없었다. 요셉이 두 아들을 아버지에게로 이끌었을 때, 야곱이 그들에게 입을 맞추고 끌어안았다.

"요셉아, 너의 얼굴을 다시는 볼 수 없다고 생각했는데, 하나님은 너의 자식들까지 볼 수 있게 허락하셨구나."

요셉이 두 아이를 할아버지 야곱에게 인사시키고 첫째 아들 므낫세를 야곱의 오른쪽에, 둘째 아들 에브라임을 왼쪽에 서게 했다.

그런데 야곱이 팔을 엇갈려서 안수하는 것이다. 에브라임이 둘째 아들인데도 오른손을 그의 머리 위에 얹고, 므낫세는 첫째 아들인데도 왼손을 얹어 축복했다.

"나의 목자가 되어주신 하나님, 온갖 어려움에서 나를 건져 주신 천사께서 이 아이들에게 복을 내려 주시기를 빕니다. 이 아이들의 자손이 이 땅에서 크게 불어나게 하여 주시기를 빕니다."

요셉은 아버지가 오른손을 에브라임 머리 위에 얹은 것을 못마땅하게 여겼다. 그래서 므낫세의 머리로 옮기려고 아버지의 오른손을 잡고 말한다.

"아닙니다, 아버지! 이 아이가 맏아들입니다. 아버지의 오른손을 이 아이의 머리에 얹으소서."

"나도 안다. 내 아들아, 므낫세가 한겨레를 이루고 크게 되겠지만, 그 아우가 형보다 더 크게 될 것이다."

안수하는 손길을 통해 하나님의 축복이 흘러간다. 모든 하나님의 축복은 안수로부터 시작된다. 안수는 하나님의 축복이 전달되는 성스러운 행위다. 물론 축복하는 사람의 손이 거룩한 것은 아니다. 그러나 하나님은 허물 많은 내 손을 통해 축복이 흘러가도록 허락하셨다.

안수는 한자로 '어루만질 안(按)'에 '손 수(手)'를 쓴다. '머리 수(首)'가 아니다. 안수를 넓게 풀어서 표현하면 '어루만지는 손길'이다. 어루만지는 손길이 안수다. 기도로 어루만지고, 사랑으로 어루만지고, 축복으로 어루만지는 것이 안수다. 이 손길을 통해 하나님의 축복이 흘러간다. 이것이 축복의 시작이고, 기초다.

예수님은 내 안에 계신다. 예수님은 내 안에서 늘 나와 함께하신다. 내가 예수님의 마음을 품고 예수님의 이름으로 손을 얹어 기도할 때, 어루만질 때 내 안에 있는 예수님의 사랑이 흘러가고 예수님의 위로가 흘러간다.

사람의 손은 오묘하다. 온몸의 촉각세포 중에 삼분의 일이 손에 몰려 있다고 한다. 그래서 손이 참 많은 것을 대신한다. 앞을 못 보는 이들에게 손은 눈을 대신한다. 손으로 점자책을 읽고 만지며 사물을 분간한다. 길을 걸을 때는 지팡이를 통해 전달되는 손의 느낌으로 방향을 찾고 계단을 오르내린다.

말 못하는 이들에게 손은 말을 대신한다. 청각 장애를 가진 이들도 서로 의견이 맞지 않아 다툴 때가 있다. 아무리 다투어도 조용하다. 수화로 다투기 때문이다.

우리의 두 손은 눈을 대신하기도 하고 입을 대신하기도 하지만, 마음을 대신하는 것도 손이다. 손으로 위협하기도 하고, 어루만지기도 한다. 실의에 빠진 사람을 토닥토닥 다독여주고 마음을 어루만져 주는 것이 손이다. 모든 축복의 시작은 어루만지는 손길, 안수로부터 시작된다.

우리의 자녀를 축복하자

《하나님의 대사》의 저자인 김하중 장로는 중국 대사와 통일부 장관을 역임했다. 그는 젊은 시절 교회에 다니지 않았다. 하지만 그의 어머니는 새벽 기도 다녀온 후에 아들 방 문 밖에서 매일 기도하셨다. 그렇게 어머니의 기도가 쌓였고, 쌓인 기도가 결국 자식이 하나님께로 돌아와 하나님의 영광을 위해 쓰임 받는 일꾼이 되게 하였다.

우리는 우리의 자녀를 날마다 축복해야 한다. 나도 새벽 기도회 다녀온 후에 아이들 방에 들어가서 머리에 손을 얹고 하나님께서 축복해 주시기를 기도한다. 이 기도가 쌓여서 아이들이 자신의 꿈을 이루고 하나님께서 기뻐하는 사람으로 성장할 것이다.

일 년, 이 년 한다고 해서 효과가 나타나는 것은 아니다. 십 년, 이십 년 매일 축복해야 한다. 축복을 받은 아이와 받지 못하고 자란 아이의 인생은 분명히 큰 차이가 날 것이다.

자녀 머리 위에 손을 얹어 축복하는 부모의 기도는 엄청난 권세가 있다. 몇 번 하다가 포기하지 말고 내가 축복하면 하나님께서 복 주신다는 약속을 붙들고 기도해 보라. 축복의 능력을 실감하게 될 것이다.

믿지 않는 남편과 자녀를 위해서 기도하기 바란다. 남편의 손을 따뜻하게 잡고 눈물로 기도하는 아내의 기도는 능력이 있다. 예수님을 마음에 모시고 구원받은 사람은 모두 축복의 통로다. 하나님의 축복이 흐르는 축복의 통로다.

따뜻하고 다정한 손길, 터치(안수)

퀴즈다. 이것은 아이들이 무척 좋아하는 것이다. 이것을 많이 하면 할수록 병을 이겨내는 힘이 더 높아진다고 한다. 아토피, 에이즈와 같이 면역체계와 관련된 질병에 탁월한 효과가 있다. 이것은 스트레스 호르몬을 낮추고 뇌를 활성화한다. 이것은 말보다 열 배나 강력한 위로를 전해 준다. 무엇일까? 바로 따뜻하고 다정한 손길, 터치(Touch)다.

《가장 따뜻한 선물, 터치》라는 책을 보면 터치는 사람이 사람에게 줄 수 있는 최고의 선물이고, 터치로 몸과 마음의 병을 고친다는 연구 결과가 나와 있다.

손으로 하는 마사지 치료를 적용해서 터치 치료를 했을 때, 스트레스 호르몬은 감소하고 면역 물질은 증가했다. 불안과 우울증이 감소하여 전체적으로 면역 기능이 향상되었다. 터치 치료는 감기나 천식 같은 비교적 가벼운 질병뿐만 아니라 암이나 에이즈에 이르는 신체적 난치병에도 긍정적인 효과를 보였다. 그리고 주의력 결핍 과잉 행동 장애(ADHD)를 가진 아이들이나 자폐아, 학대받은 아동, 거식증 환자들의 우울증과 불안 등 신경정신과적인 질병에

도 매우 효과적이다. 다정하게 잡아주는 손길과 마음을 담은 포옹
만으로도 대단한 효과가 나타나는 것이다.

서로 자주 포옹하며 안아주는 부부는 그렇지 않은 부부보다 수
명이 이 년 정도 더 길다는 연구 보고도 있다. 이것은 중독성도 부
작용도 없다. 왜 그럴까?

하나님은 온 세상 만물을 말씀으로 창조하셨다. 하늘도 땅도 식
물도 동물도 말씀으로 창조하셨다. 그런데 유독 사람을 만드실 때
는 흙으로 빚으셔서 만드셨다. 하나님이 진흙을 이렇게 저렇게 어
루만져서 사람을 만드신 것이다. 그래서 사람은 어루만지는 손길
을 통해 육체가 복을 받는다. 하나님은 따뜻하고 다정한 손길을 통
해 육체를 축복해 주시기로 작정하신 것이다.

구약 시대에는 오늘날의 우리보다 훨씬 더 풍부하게 감정을 드
러냈다. 그 시대의 사람들은 포옹했고, 입 맞추었고, 서로의 손을
잡아 주었다.

안수하는 손길은 사람들과의 관계를 축복한다. 예수님은 치유하
실 때, 병든 사람을 만지셨다. 앞을 못 보는 사람에게는 침을 흙에

이겨 눈에 발라주셨고, 말을 못하는 사람에게는 침을 손에 뱉어 혀에 대시고 기도하셨다.

말씀으로 충분히 치료하실 수 있으셨지만, 아프고 약한 부분을 어루만져 주시며 친밀한 관계를 만드신 것 같다. 어루만지는 따뜻한 손길은 관계를 친밀하게 만들어 준다.

피자 가게에서 점원과 터치가 있는 사람들이 피자를 더 잘 구입하고, 도서관에서 사서가 책을 받을 때, 악수한 그룹이 그렇지 않은 그룹보다 도서관에 대해 매우 긍정적인 반응을 보였다는 보고도 있다.

터치는 관계를 친밀하게 맺어주는 힘이 있다. 사랑과 수용의 의미를 전달할 수 있는 따뜻한 손길로 축복하라. 안수하며 하는 축복은 깨어진 관계를 부드럽게 치유하며 아름다운 인성을 회복시켜 준다. 이 세상에 행복을 창조하는 고귀한 사역 방법이기도 하다.

행동 지침

우리 입에서 선포된 축복의 말을 하나님께서 반드시 이루어주신다고 굳게 믿고, 양손을 들고 이렇게 선포하자.

이 손은 축복의 손이다.

이 손은 기도하는 손이다.

이 손은 섬기는 손이다.

이 손은 위로하는 손이다.

내가 손을 얹어 기도하면 병든 사람이 나을 것이다.

이 손으로 어루만지는 사람은 주님의 위로를 경험할 것이다.

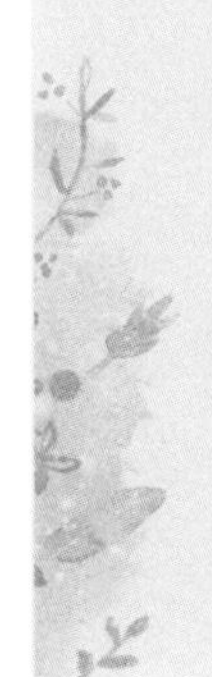

03

축복은 말을 통해 흘러간다

이삭이 이르되 내게로 가져오라 내 아들이 사냥한 고기를 먹고 내 마음껏 네게 축복하리라 야곱이 그에게로 가져가매 그가 먹고 또 포도주를 가져가매 그가 마시고 그의 아버지 이삭이 그에게 이르되 내 아들아 가까이 와서 내게 입 맞추라 그가 가까이 가서 그에게 입 맞추니 아버지가 그의 옷의 향취를 맡고 그에게 축복하여 이르되 내 아들의 향취는 여호와께서 복 주신 밭의 향취로다 하나님은 하늘의 이슬과 땅의 기름짐이며 풍성한 곡식과 포도주를 네게 주시기를 원하노라 만민이 너를 섬기고 열국이 네게 굴복하리니 네가 형제들의 주가 되고 네 어머니의 아들들이 네게 굴복하며 너를 저주하는 자는 저주를 받고 너를 축복하는 자는 복을 받기를 원하노라(창세기 27장 25-29절).

교회를 개척했을 무렵, 예배 때마다 지각하는 집사님이 있었다. 왜 매주 늦느냐고 물었더니, 자기가 야행성이라 보통 아침 7시쯤 잠들기 때문에 11시에 일어나기가 너무 어렵다는 것이다. 그래도 그렇지 늦어도 너무 늦게 오는 것이다. 10~20분 늦는 것이 아니라, 설교 다 끝나고 축도할 때쯤 삐쭉 내밀고 슬그머니 들어온다.

"집사님, 예배 다 끝날 때 오시면 어떻게 해요?"

"목사님, 그런 말씀 하지 마세요. 그래도 축도는 받아야지요."

축도 받기 위해 늦어도 예배에 온다는 것이다. 그리고 꼭 점심을 먹고 갔다. 얼마 전 감리교신학대학교에서 강의를 했다. 강의가 끝나고 한 학생이 찾아왔다.

"목사님, 저 모르시겠어요? 저 아무개 아들이에요."

가만히 보니까 그 지각 대장 집사님의 외아들이었다. 그의 외아들이 목회자의 길을 걷고 있었다. 축도만 받아도 아들이 주의 종 되는 축복이 있었다.

내게 축복하소서, 내게도 그리하소서

에서에게 믿을 수 없는 일이 일어났다. 조금 전까지만 해도 아버지는 에서를 가까이 불러서 "내가 이제 늙어 어느 날 죽을는지 알지 못하니, 나를 위하여 사냥하여 내가 즐기는 별미를 만들어 내게로 가져와서 먹게 하여 내가 죽기 전에 내 마음껏 네게 축복하게 하라"(창 27:2-4)고 말씀하셨다.

죽을힘을 다해 산과 들을 뛰어다니며 짐승을 잡아 맛있게 요리해서 아버지에게 축복을 받으려고 들어갔는데, 앞을 못 보시는 아버지 이삭이 떨리는 음성으로 묻는다.

"너는 누구냐?"

"아버지의 맏아들 에서입니다."

이삭이 경악하며 또 묻는다.

"그러면 사냥한 고기를 내게 가져온 놈은 도대체 누구냐? 네가 오기 전에 내가 다 먹고 그를 위하여 축복하였은즉 그가 반드시 복을 받을 것이다. 네 아우가 속여 네 복을 빼앗았도다."

이 말을 들은 에서는 대성통곡했다.

"내 아버지여 내게 축복하소서. 내게도 그리하소서."

에서는 자기가 받을 복이 동생 야곱에게 갔다는 사실을 알고 견딜 수가 없었다. 너무나 슬퍼서 다시 한번 울면서 간청한다.

"내 아버지여 아버지가 빌 복이 이 하나 뿐이리니까 내 아버지여 내게 축복하소서 내게도 그리하소서"(창 27:38).

에서의 울부짖는 소리가 이 시대에도 들리는 듯하다. 축복이 사라진 가정에서 에서처럼 통곡하는 소리가 들린다. 술주정하는 아버지, 바람난 어머니, 방황하는 아이들. 이런저런 다툼이 끊이질 않는 가정에서 자라고 있는 아이들은 이 시대의 에서다. 방황하고 방치된 아이들 뒤에는 축복이 사라진 가정이 유령의 집처럼 자리 잡고 있다.

여러분은 축복이 넘치는 가정에서 자랐는가? 부모님의 한없는 사랑과 격려와 칭찬 속에서 인정받으며 자랐는가? 우리도 축복을 잃어버린 이 시대의 또 다른 에서가 아닐까 생각해 본다. 이렇게 생각하는 이들이 있다.

'나는 가난했고 못 배운 서러움을 안고 살아왔지만, 성공하고 출세해서 내 자식에게는 이런 가난, 이런 서러움을 물려주지 않으리라.'

그래서 죽을 고생해서 재산을 모은다. 이들은 모은 재산으로 자식을 축복하고, 성공과 출세로 자식을 축복하겠다고 생각하는 것 같다. 가난이 저주스럽고, 못 배운 것이 한이 되어서 내 자식만큼은 이 고통을 당하지 않게 하겠다고, 물려주지 않겠다고 발버둥 친다. 그러나 물려받은 재산 때문에 자녀가 망가지고, 성공하고 출세한 부모 밑에서 탈선하는 자녀들이 많다는 사실을 아는가?

야곱에게 고생만 안겨준 축복이 왜 소중할까

에서가 통곡한다. 자신이 받아야 할 축복을 야곱이 빼앗아갔기 때문이다. 에서가 통곡하는 이유는 야곱이 아버지의 축복을 다 받아서, 아버지의 모든 재산을 차지해서 이제는 그의 몫이 하나도 없기 때문에 울부짖은 것일까?

야곱은 아버지의 재산, 그 많은 소 떼와 양 떼 중에서 새끼 양 한 마리도 못 가졌다. 오히려 아버지의 유산을 모두 물려받은 자식은 에서다.

그런데 에서는 도대체 무엇 때문에 그렇게 분노하고 소리 높여 울었을까? 도대체 야곱이 받은 축복은 무엇일까? 외삼촌 라반의 집에서 아롱진 양과 염소를 많이 낳게 해서 부자가 된 것이 야곱이 받은 축복일까? 그렇게 해서 부자가 되었으면 사랑하는 아내와 아이 들과 더불어 잘살아야 하지 않겠는가? 하지만 라반의 위협 앞에서 도망쳐야 했고, 갈 곳이 없어 형 에서에게 돌아가면서 그 많은 재산을 형에게 상납해야 했다.

남는 게 없다. 오히려 아버지의 축복 기도를 받지 않았다면 형 에서가 아버지의 분깃 삼분의 이를 받고, 자기는 나머지 재산을 받아서 편안하고 조용하게 살 수 있었을 것이다. 괜히 아버지와 형을 속이고 축복 기도 받았다가 집에서 쫓겨나고 객지에서 죽도록 고생만 했다. 야곱이 인생 말년에 바로 왕 앞에서 한 말이 가슴 아프게 들린다.

내 나그네 길의 세월이 백삼십 년이니이다 내 나이가 얼마 못 되니
우리 조상의 나그네 길의 연조에 미치지 못하나 험악한 세월을 보내

었나이다(창 47:9).

만일 야곱이 아버지의 축복을 받지 않았다면, 고향을 떠나지 않고, 험악한 세월을 살지 않았을 것이다. 아버지에게 축복받은 결과가 죽을 고생이라면 누가 그 복을 받고 싶어 하겠는가? 그런데도 야곱은 죽기를 각오하고 편안하고 안락한 삶을 포기하고 아버지의 축복받는 것을 주저하지 않았다. 왜 야곱은 축복에 생명을 걸었을까?

우리는 아브라함의 믿음, 이삭의 순종, 야곱의 축복을 말한다. 만일 이삭이 야곱을 축복하지 않고 에서를 축복했다면 어떤 일이 일어났을까? 에서가 축복을 받았다면 지금 중동의 역사가 완전히 바뀌고 세계 역사가 엄청나게 달라졌을 것이다. 에서 밑에서 다윗 왕과 솔로몬 왕이 나오고, 예수님은 에서의 후손으로 오셨을 것이다.

야곱은 자신의 후손에서 다윗 왕, 솔로몬 왕, 예수님 나오도록 축복의 물줄기를 바꾸었다. 야곱의 선택은 자신이 잘 먹고 잘사는 복을 받은 것이 아니다. 에서에게 흘러가려는 하나님의 축복을 자기 자손에게로 돌린 것이다. 자신은 평생 죽을 고생하고 살았지만, 다윗 왕과 예수님을 자신의 후손으로 오게 한 것이다.

축복은 자손의 운명을 바꾸어 준다. 집문서 땅문서 물려받지 않아도 상관없다. 축복의 물줄기를 나와 내 후손에게 흐르게 할 수 있다면 그 축복 꼭 받아야 하지 않겠는가?

축복은 말을 통해 흘러간다

너를 저주하는 자는 저주를 받고 너를 축복하는 자는 복을 받기를 원하노라(약 27:28-29).

아버지 이삭이 아들 야곱에게 한 축복은 그대로 하나님의 축복이 되었다. 야곱이 브엘세바를 떠나 하란으로 가던 중, 돌베개 베고 자다가 사닥다리와 함께 하나님의 사자가 오르내리는 꿈을 꾸었고, 아버지가 야곱에게 축복한 대로 하나님의 복을 받게 되었다.

야곱의 축복에는 세상의 재물이나 명예 같은 것은 없었다. 오직 영적인 말의 축복만 있었다. 축복이 베풀어지는 가정을 살펴보면, 말에 복이 배여 있다. 말에 온기가 있고, 진심이 있고, 배려와 사랑이 담겨 있다. 축복이 사라진 가정에는 말에 복이 없다. 말이 사납고 가시가 돋쳐 있다.

말은 영의 세계에 속해 있고, 한 영혼을 죽이기도 하고 살리기도 한다. 그래서 목회자가 지옥 갈 수밖에 없는 사람을 천국 백성 되게 할 때도 오직 말로써 하는 것이다.

사람의 입은 참 묘하다. 밥이 뜨거우면 입으로 식히기도 하고, 손이 꽁꽁 얼었을 때는 입으로 덥히기도 한다. 불이 잘 안 탈 때 입으로 불어서 꺼져 가는 불씨를 살리기도 하고, 바람을 불어 촛불을 끄기도 한다.

입에서 나오는 말은 종종 사람에게 깊은 상처를 준다. 교회는 참 말이 많은 곳이다. 간혹 상처받아서 교회를 떠나는 이들이 있다. 누가 때려서 상처받은 것이 아니라 누군가의 말에 상처받은 것이다.

2009년 MBC에서 한글날 특집으로 〈말의 힘〉이라는 프로그램이 방송되었다.

갓 지은 밥을 유리그릇에 담고 '고마워, 사랑해'를, 다른 유리그릇에는 '짜증나, 미워'라고 써 붙였다. 모두 다섯 세트를 만들어서 아나운서들에게 나누어 주었다. 그리고 '고마워, 사랑해'가 붙어 있는 밥에는 매일 "사랑해, 넌 참 좋아"라는 축복하는 말을, '짜증나, 미워'라고 써 있는 밥에는 "미워, 재수 없어, 꼴도 보기 싫어" 저주의 말을 하게 했다. 그리고 4주 후에 나누어준 유리그릇을 회수했다. 그런데 이상한 일이 일어났다. '고마워, 사랑해'라고 쓴 밥에는 하얀 누룩곰팡이가 피었고, '짜증나, 미워'라고 쓴 밥에는 까만 곰팡이가 피어 있었다.

밥도 어떤 말을 듣느냐에 따라 이렇듯 반응이 달라진다. 우리의 말에는 권세가 있다. 말에는 아주 분명한 능력이 있다. 좋은 말은 좋은 결과를 만들어 내는 능력이 있고, 사납고 악한 말은 악한 결과를 만들어 내는 능력이 있다.

> 죽고 사는 것이 혀의 힘에 달렸나니 혀를 쓰기 좋아하는 자는 혀의 열매를 먹으리라(잠 18:21).

교회에서도 말 속에 저주가 흘러갈 때가 있다. 바로 험담이다. 험담은 우리의 좋은 관계를 파괴한다. 낮말은 새가 듣고 밤말은 쥐가 듣는다고 했다. 험담이 돌고 돌아 당사자의 귀에 들어가면 정말 회복할 수 없는 관계를 만들어 버린다.

다른 사람을 흉보고 헐뜯는 말은 치명적이고, 깊은 상처와 원망으로 돌아오기 마련이다. 뒷말이 모두 나쁜 것은 아니다. 헐뜯는 뒷말이 나쁜 것이다.

> 너희를 저주하는 자를 위하여 축복하며 너희를 모욕하는 자를 위하여 기도하라(눅 6:28).

위의 성경 구절에서 사용한 '축복'은 '율로게오(eulogeo)'라는 헬라어에서 유래되었다. 율로게오는 '좋은'이라는 의미의 접두어 '유

(eu)’와 ‘말하는 것(logeo)’이라는 뜻의 동작 명사의 합성어다. 누군가를 축복한다는 것은 그 사람의 삶에 ‘좋은 것을 말한다’라는 의미다. 뒤에서 나를 험담하고 불평하는 사람도 칭찬해 주면 좋겠다.

잠언 27장 21절에서 “도가니로 은을, 풀무로 금을, 칭찬으로 사람을 단련하느니라”고 했다. 그 사람의 좋은 점을 칭찬하자. 칭찬이 축복이다. 비난과 험담이 저주라면 칭찬과 격려는 축복이다.

축복이 담긴 말의 능력

침묵은 금이라는 말이 있다. 사회생활하는 데 있어서 침묵은 금일 수 있다. 그러나 가족에게 침묵은 두려움이고 폭력이고 고독이다. 사랑과 배려가 있는 대화는 가정에 축복을 가져온다.

“사랑한다. 참 대견하다. 너는 나의 기쁨이다. 너는 너무 소중하다.”

이런 축복이 담긴 말을 기회가 있을 때마다 마음껏 아낌없이 진심을 담아서 해야 한다. 축복의 말로 인해 홍수가 나도록 말이다. 자녀는 부모가 하는 말의 열매를 먹고 자란다.

자녀에게 매일매일 잔소리하고 원망의 말을 내뱉으면 우리의 자녀들은 그 혀의 열매를 먹고 사납고 거칠게 자랄 수밖에 없다. 무심코 내뱉은 부정의 말이 아이에게 평생 지울 수 없는 상처를 남길 수도 있다.

이삭은 아들을 이렇게 축복했다.

만민이 너를 섬기고 열국이 네게 굴복하리니 네가 형제들의 주가 되고 네 어머니의 아들들이 네게 굴복하며 너를 저주하는 자는 저주를 받고 너를 축복하는 자는 복을 받기를 원하노라(창 27:29).

놀라운 축복이다. 진심 어린 칭찬을 많이 받은 사람일수록 축복을 넘치게 누리며 살아갈 것이다. 칭찬은 고래도 춤추게 한다.

사랑하는 사람을 축복하자. 그러면 그 속에 있는 소중한 가치가 드러나게 될 것이다. 여러분의 배우자와 자녀는 밭에 감추인 보화와 같다. 축복하면 그 보화가 드러날 것이다.

내가 너를 사랑한다고, 너는 참으로 소중한 나의 아들이고 딸이라고, 하나님이 반드시 너를 축복하실 거라고, 너는 위대하고 훌륭한 하나님의 자녀라고 꿈과 비전을 심어주는 축복을 날마다 순간마다 자녀에게 베풀어 주기를 바란다. 물론 내 의지대로 자녀가 되는 것은 아니지만, 내 믿음대로 나의 자녀가 의미 있는 삶을 살아갈 것이다.

우리를 축복하기 원하시는 하나님은 우리의 말을 사용해서 다른 사람들을 축복하신다. 우리가 입으로 다른 사람을 축복하면 그 축복의 말에 하나님께서 축복을 시작하신다. 말의 능력을 가볍게 여기지 말자. 믿음의 말은 엄청난 능력을 발휘한다. 하나님은 입술의 열매를 창조하신 분이심을 늘 기억하기 바란다(사 57:19).

(두 손을 입에 대고) 입을 축복하자.

"내 입은 축복하는 입이다. 불평하는 입, 원망하는 입, 비난하는 입, 신세를 한탄하는 입은 예수의 이름으로 명하노니 떠나갈지어다.

내 입은 기도하는 입이다. 낙심한 사람을 위로하는 입이요, 실패한 사람을 격려하는 입이요, 상처 입은 사람을 치유하는 입이요. 허물이 있는 사람을 덮어 주는 입이다.

내 입은 하나님이 쓰시는 입이요, 하나님의 능력이 나타나는 입이다. 내 입이 믿음으로 선포하면 그대로 될 것이다."

내가 진실로 너희에게 이르노니 누구든지 이 산더러 들리어 바다에 던져지라 하며 그 말하는 것이 이루어질 줄 믿고 마음에 의심하지 아니하면 그대로 되리라(막 11:23).

04

자신을 축복하라

너의 하나님 여호와가 너의 가운데에 계시니 그는 구원을 베푸실 전
능자이시라 그가 너로 말미암아 기쁨을 이기지 못하시며 너를 잠잠
히 사랑하시며 너로 말미암아 즐거이 부르며 기뻐하시리라 하리라
(스바냐 3장 17절).

왜 우리는 자기 자신을 사랑하지 않을까

우리는 여행이나 모임에서 종종 단체 사진을 찍는다. 누구나 사
진이 나오면 가장 먼저 자기를 찾는다. 배경이 좋은지, 색감이 예
쁜지, 구도가 괜찮은지는 절대 중요하지 않다. 오직 내 얼굴이 잘
나오면 잘 나온 사진이다. 내 얼굴이 예쁘지 않게 나오면 그 사진
은 버릴 사진이다.

여러분은 자기 자신을 사랑하는가? 진정으로 자신이 사랑스러

운가? 내 얼굴, 내 몸이 마음에 드는가? 이만하면 괜찮은 얼굴이라고, 건강하고 멋진 몸이라고 생각하는가? 성격은 어떤가? 아무리 생각해도 꽤 괜찮은 성격을 가졌다고 생각하는가? 자신의 성격이 괜찮다고 생각한다면 둘 중에 하나일 것이다. 정말 자존감이 높고 긍정적인 사람이거나 아니면 자아 도취감이 높거나.

어릴 때부터 키가 작고 못생겨서 친구들에게 놀림 받고 따돌림 당하던 한 아이가 있었다. 아이는 '나중에 어른이 되면 두고 보자' 하면서 이를 악물었다. 재물과 권세를 얻으면 무시당하지 않고 존경받으면 살 수 있다고 생각했다. 그래서 성공과 출세를 위해 수단과 방법을 가리지 않았다. 돈도 벌고 권세도 얻었다.

어렸을 때부터 원하던 것을 얻었지만, 마음은 허전했다. 사람들의 부러움을 샀지만, 자신은 결코 행복하지 않았다. 이 사람은 바로 여리고에 사는 세리장 삭개오다. 삭개오는 열등감과 상처가 가득했고 행복하지 않았다. 자신을 진정으로 사랑하지 않은 것이다.

왜 사람들은 자신을 사랑하지 않을까? 비교 때문이다. 학교 성적으로 비교하고, 외모로 비교하고, 능력으로 비교하고, 부모의 재력으로 비교하고, 아파트 평수로 비교하고, 형제간에도 비교하고, 비교당하면서 스스로가 초라해지고, 자신감이 없어지고 자신을 사랑할 수 없다.

예수님은 말씀하셨다.

'헤아린다'는 영어로 'measure'다. 비교한다는 의미다.

나에게는 세 명의 동생이 있었다. 어릴 때 동생들은 종종 이렇게 말하고는 했다.

"엄마는 큰형만 좋아해."

"그럴 리가 있니. 엄마는 우리 모두를 좋아하시지."

그런데 나중에 깨달았다. 동생들 말이 맞았다. 가족 모두가 조그만 밥상에서 밥을 먹어도 어머니는 된장찌개를 두 그릇에 따로 담아 차리셨다. 하나는 아버지 것이고, 다른 하나는 내가 먹을 된장찌개였다. 아버지는 아주 짜게 드셨고, 나는 심심하게 먹는 것을 좋아하기 때문이다.

어머니는 큰아들인 나에 대한 기대가 크셨다. 어머니에게 나는 희망이요, 꿈이요, 아들이자 친구요, 마음의 애인이었다. 나도 모르게 어머니가 좋아하는 것은 다 해드리고 싶은 마음이 생겼다. 어머니가 예수님 믿는 것을 좋아하셔서 그분을 신실하고 성실하게 믿었고, 책상에 앉아 있는 것만 봐도 행복해하셔서 열심히 공부했다. 이렇게라도 어머니의 사랑에 보답하고 싶었다.

어머니의 사랑을 받은 나는 자존감이 높아졌다. 늘 매사에 자신감이 있었고, 글짓기. 미술, 붓글씨, 경필 대회에서 여러 번 상을 받았다.

문제는 바로 밑의 동생이었다. 동생은 늘 나와 비교당해야 했다. 보통 어머니가 장남과 유대를 맺으면, 차남은 아버지와 유대를 맺는데, 동생 밑으로 여동생이 태어나는 바람에 아버지는 자연스럽게 여동생을 예뻐하셨다. 집안에서 남동생은 외톨이와 같았다. 늘 밖으로만 돌고 친구는 많은데 실속이 없었다. 동생의 지능지수는 나보다 높았지만, 성적은 최하위에서 맴돌았다.

만약 동생과 내가 서열이 바뀌어 태어났다면 어떻게 되었을까? 그랬다면 동생은 나처럼 당당하게 살았을 것이고, 나는 동생처럼 열등감 속에 살았을 것이다. 이것은 정신분석학자 아들러의 주장이기도 하다.

부모들은 '열 손가락 깨물어서 안 아픈 손가락 없다'고 이야기한다. 절반은 맞고 절반은 틀린 이야기다. 여러분의 자녀 중에 어느 자식은 참 대견하지만, 어느 자식은 속상하게 한다면, 그것은 자식 잘못이 아니다.

만약 두 아이가 순위가 바뀌어 태어났다면, 속상하게 한 자식은 대견한 자식이 되어 있을 것이고, 대견한 자식은 속상하게 하고 있을 것이다. 가정환경과 부모의 편애가 아이를 대견하거나 속 터지게 만들 수 있다는 것이다.

야곱은 자식들 때문에 가슴 아픈 인생을 살았다. 가장 사랑했던 요셉이 죽은 줄만 알고 한 많은 인생을 살아야 했다. 야곱은 요셉에게만 채색 비단옷을 입혔고 끔찍이 사랑했다. 이런 야곱의 사랑은 다른 형제들이 요셉을 질투하고 미워하게 만들었다.

그러던 어느 날 요셉이 열일곱 살 되었을 때, 신기한 꿈을 꾸었다. 형들의 볏단이 자기 볏단에 절하는 꿈과 해와 달 그리고 형들의 별들이 자신의 별에 절하는 꿈이었다. 이 꿈 이야기는 형들의 분노를 극에 달하게 했다. 결국 요셉은 형들에 의해서 이집트로 팔려갔다. 얼마나 형들을 원망했겠는가.

하지만 노예로 살면서도 신실하게 일했다. 보디발이 요셉을 인정하기 시작했고 집안을 관리하는 총 책임자가 되었다. 노예살이치고는 성공한 셈이다. 보디발 집안을 관리하면서 어느 정도 고생을 면하게 되었다.

그런데 보디발의 아내가 자꾸 유혹의 손길을 뻗쳐왔다. 그때마다 상황을 모면하고 유혹을 뿌리쳤지만, 결국 보디발 아내의 모함으로 강간미수죄 누명을 쓰고 감옥에 갇히는 신세가 되었다. 정말 기막힌 인생이다. 하지만 부모에게 받은 큰 사랑은 이 모든 고난을 이기는 힘이 되었다.

있는 그대로를 사랑해

예수님은 세례받고 십자가의 길을 걸어가야 하셨다. 3년 동안 하나님 아들이지만 종의 형체를 가지고 죽기까지 복종하시며 십자가에서 죽으셔야 했다. 그 험난한 길을 갈 수 있도록 하나님께서 예수님에게 주신 것은 오직 하나다. 요단 강에서 세례받고 올라오실 때 하나님께서 주신 바로 이 말씀이다.

이는 내가 사랑하는 아들이다. 내가 그를 좋아한다(마 3:17 새번역).

이 한마디가 예수님을 이끌었고, 예수님 마음을 가득 채우는 말씀이 되었다.

'나는 하나님의 아들이다. 하나님께서 기뻐하는 자다. 하나님께서 사랑하는 자다. 하나님의 뜻을 이루는 자다. 나는 특별한 사람이다.'

높은 자존감이 엄청난 구원사역을 이루게 한 것이다. 이 길을 방해하는 것은 사탄이다. 사탄이 40일 금식한 예수님을 찾아와 시험한다. 사탄의 시험은 예수님이 세례받을 때 하나님께서 주신 말씀, '너는 내 사랑하는 아들'이라는 말씀을 의심하게 하는 데 집중되어 있다. 사탄은 예수님에게 말한다.

또 하나님의 아들이라면 높은 데서 뛰어내려 보라고 유혹한다. 하나님의 아들이라면 천사가 받아 주지 않겠냐는 것이다. 하나님이 사랑하는 아들인 것을 의심하도록 사탄은 집요하게 물고 늘어진다.

"하나님의 아들이라는 생각은 네 착각이지 영적 실재가 아니야."

예수님이 하나님의 사랑을 의심하도록 수단과 방법을 가리지 않는다. 사탄은 생활 속에서 우리를 자주 흔들어 댄다.

"너는 별 볼 일 없어. 네가 배운 게 있어, 가진 게 있어, 능력이 있어? 너 비겁하잖아. 넌 하찮은 인간이야."

우리는 이런 사탄의 유혹에 쉽게 넘어진다. 무시당하면 못 참고, 자존심이 상하면 폭발한다. 사탄이 마음을 헤집어 놓기 때문이다. 그러나 하나님은 다르다. 있는 그대로의 우리를 사랑하신다.

스바냐 선지자의 고백이다.

히 사랑하시며 너로 말미암아 즐거이 부르며 기뻐하시리라(습 3:17).

야곱은 열두 아들 모두를 요셉처럼 특별하게 사랑했어야 했다. 그러면 열두 아들 모두 요셉처럼 위대한 인물이 되었을 것이다.

사랑은 존경받는 인물을 만들어 낸다. 조건 없는 사랑이 우리 자녀를 요셉처럼 성장하게 한다. 허물이 있어도 사랑하고, 실수해도 사랑하고, 공부 못해도 사랑하고, 성질 부려도 사랑해야 한다.

하나님은 우리를 무조건적으로 받아주셨다. 십자가의 사랑은 조건이 없다. 착한 사람도 포악한 사람도 구별하지 않는다. 있는 그대로의 우리를 하나님 자녀가 되게 하셨다. 그래서 우리도 있는 그대로의 모습을 사랑해야 한다.

하지만 생각처럼 쉬운 일은 아니다. 왜냐하면 나도 내 자신을 인정하지 못하고, 사랑하지 못하기 때문이다. 지금까지 살아온 자신의 인생이 만족스러운가? 자기 자신이 마음에 드는가? 자기 자신을 조용히 들여다보라. 내가 낯설지 않은가? 내가 꿈꾸었던 인생은 어디가고, 어떻게 하다 보니 내가 봐도 한심한 인생을 살고 있지는 않는가? 나도 내가 누구인지 잘 모르겠다, 싶지 않은가?

매사가 귀찮고, 자꾸 짜증만 나고, 언뜻언뜻 후회스러운 일만 떠오르고, 불끈불끈 화가 나고, 미운 사람도 많고, 섭섭한 일도 많다면 내가 나를 존중하지 않았기 때문이다. 내가 나를 사랑할 수 없으면 다른 사람도 나를 사랑할 수 없다.

90센티미터의 축복, 숀 스티븐슨 이야기

뼈가 쉽게 부러지는 희귀질환 '골형성부전증'을 안고 태어난 아기가 있었다. 담당 의사는 말했다.

"이 아기는 24시간 안에 죽는 편이 차라리 낫습니다."

태어날 때의 충격으로 팔과 다리는 사방으로 꺾였고 머리는 진흙 덩이처럼 구겨져 있는 참혹한 모습의 아기. 고통스러운 앞날이 뻔히 보이는 아기였다. 하지만 아기의 부모는 포기하지 않았다. 이 아이는 자라면서 이백 번도 넘게 뼈가 부러졌다. 기침을 하다가도 갈비뼈가 부러졌다. 고통은 이루 말할 수 없었다. 그러나 아이는 삶을 절대 포기하지 않았다.

그는 이제 서른두 살이 되었다. 90센티미터의 키, 몸무게 25킬로그램의 숀 스티븐슨. 평생 휠체어에 의지해 살아가야 하지만, 숀은 심리치료사이자 스타 강연가다. 미국과 세계 각국에서 강연 요청이 쇄도하고 있다. 숀의 존재만으로 힘을 얻고, 그를 만나 새로운 인생을 살게 된 사람들은 부지기수다.

그는 말한다.

"행복은 선택입니다. 나에게 일어나는 일들 때문에 행복한 것이 아닙니다. 행복은 몸이 결정하는 것이 아니라, 내 몸이 행복하다는 것을 스스로 느끼는 것입니다."

그의 부모는 '할 수 없는 것보다 할 수 있는 것에 집중하라'고 가르쳤다. 이 가르침이 오늘의 숀 스티븐슨을 만든 것이다.

믿을 수 없겠지만 숀은 하루에 팔굽혀펴기 100회, 윗몸 일으키기 100회는 물론, 역기와 권투까지 한다. 유리처럼 쉽게 부서지는 뼈를 견디기 위해 끊임없이 몸을 단련하는 것이다. 이처럼 좌절을 딛고 도전하는 숀은 페이스 북을 통해 알게 된 여인과 사랑을 키워가고 있다.

어떻게 이런 일이 가능했을까? 그것은 숀을 향한 아버지의 조건 없는 사랑 때문이었다. 유리 같은 아들을 위해 숀 스티븐슨의 아버지는 직장을 그만두었다. 그리고 오직 아들을 위해서 살았다. 한없는 아버지의 사랑이 연약한 아들에게 부어졌고, 그 사랑이 숀의 모든 불행과 모든 장애를 뛰어넘어 대단한 인생을 살게 했다.

자신을 축복하라

하나님은 우리에게 이렇게 말씀하신다.

"너는 내 사랑하는 딸이요, 아들이요. 내가 정말 기뻐하는 사람이다."

미국의 흑인 인권 운동가인 맬컴 엑스(Malcolm X)는 어렸을 때 흑인으로 태어난 것이 너무 원망스러웠다. 그는 백인이 되고 싶었다.

백인이 되기 위해 매일 비누로 닦고, 얼굴에 미백 크림을 발랐다. 백인처럼 되기 위해 별별 짓을 다 해보았다. 그러던 어느 날 맬컴 엑스는 중요한 사실 하나를 깨달았다.

'나는 절대 백인이 될 수 없다. 그렇다면 철저한 흑인으로 살아야겠다.'

그리고 흑인도 아름답다는 중요한 사실을 발견했다. 그의 의식 전환은 흑인의 영웅, 위대한 지도자가 되는 계기가 되었고, 그의 말은 유명한 명언이 되었다.

"까만 것은 아름답다(Black is beautiful)."

나는 나다. 이 모습 이대로 나는 아름답다. 왜냐하면, 하나님의 작품이기 때문이다.

예수전도단에서 활동하는 이민섭이라는 청년이 예수 믿지 않는 아버지를 위해 쓴 곡으로 잘 알려진 〈당신은 사랑받기 위해 태어난 사람〉의 노랫말처럼 말이다.

"당신이 이 세상에 존재함으로 인해 우리에게 얼마나 큰 기쁨이 되는지. 당신은 사랑받기 위해 태어난 사람. 지금도 그 사랑 받고 있지요."

'사랑받고 있다'는 것은 인생을 살맛나게 만드는 힘이다. 우리 모두는 약점과 단점이 있다. 약점도 '나'이고 단점도 '나'다. 이 모습 이대로 나는 소중한 사람이다. 하나님의 작품이기 때문이다. 하나님 형상대로 지음 받은 하나님의 자녀이기 때문이다.

내가 내 자신을 사랑하지 않으면 다른 사람도 나를 사랑할 수 없다. 내가 나를 사랑해야 다른 사람도 나를 사랑할 수 있다. 마찬가지로 내가 나를 축복하지 않으면 다른 사람을 축복할 수 없다. 먼저 자신을 축복해야 한다.

‘나는 하나님의 자녀다. 하나님께서 축복하시는 사람이다. 나는 축복의 사람이다. 나를 축복하는 사람은 하나님께서 복 주실 것이고, 나를 저주하는 사람은 하나님께서 저주하실 것이다. 다리야, 예수님 이름으로 너를 축복한다. 팔아, 어깨야, 지금까지 아프지 않고 건강해서 고마워. 머리야, 너를 축복한다. 지혜의 영으로 충만할지어다. 나쁜 생각과 부정적인 생각은 모두 떠나갈지어다. 좋은 생각으로 가득 차고, 믿음의 생각으로 가득 찰지어다.’

아픈 곳을 만지면서 축복하라. 주님이 아픈 곳을 고쳐주시도록 축복하라. 마음속에 염려와 근심이 가득 찰 때, 불면증에 시달릴 때 가슴에 손을 대고 자신을 축복하라.

다윗도 불안하고 힘들 때, 마음이 낙심되고 절망스러울 때 자기 자신을 축복하며 이렇게 선포했다.

내 영혼아 네가 어찌하여 낙심하며 어찌하여 내 속에서 불안해 하는가 너는 하나님께 소망을 두라 나는 그가 나타나 도우심으로 말미암

'나는 할 수 있어. 나는 괜찮은 사람이야'라고 자꾸 선포하면 말에 권세가 생긴다. 자기를 축복하는 것은 그리스도의 이름으로 축복하는 것이다. 이것은 축복의 근원이 내게 있지 않고 하나님에게 있음을 고백하는 것이다.

신념과 신앙의 차이를 아는가? 신념은 자기 확신이다. 자기 생각으로 자신에게 거는 일종의 최면이다. 신앙은 하나님에 대한 확신으로 말씀에 뿌리가 있다. 우리가 자신을 축복하는 것은 말씀을 의지하는 것이다. 그러므로 신앙의 사람은 하나님께서 약속하신 말씀을 붙들고 자신을 축복해야 한다. 자신을 축복하며 매일매일 이렇게 선포하자.

"하나님 사랑합니다. 나는 소중한 사람, 모든 것이 잘될 줄 믿습니다."

자기 자신에게 감탄하라

하나님은 천지를 창조하시면서 '보시기에 좋았더라'고 하셨다. 빛을 만드시고, 땅과 바다를 만드시고, 각종 채소와 나무를 만드시고 '보시기에 좋았더라'고 하셨다. 새와 온갖 물고기와 동물을 만드시고 감탄하셨다. 하나님께서 세상을 만드시고 감탄하신 것이다.

하나님의 축복은 감탄을 통해 흘러간다.

하나님은 예수님을 보시고 감탄하셨다. 예수님이 요단 강에서 세례받고 올라오셨을 때, "하늘로부터 소리가 있어 말씀하시되 이는 내 사랑하는 아들이요 내 기뻐하는 자라 하시니라"(마 3:17)는 감탄이 축복이 되었다. 그래서 위대한 메시아의 길을 걸어갈 수 있었다. 하나님은 하나님의 자녀인 나를 보고 감탄하신다.

이제는 하나님의 눈으로 자기 자신을 바라보자. 아침마다 거울을 보면서 자신에게 감탄해 보자. 열등감과 근심과 걱정이 사라질 것이다. 우리는 하나님의 소중한 존재이고 축복의 통로다.

행동 지침

말씀으로 스스로를 축복하라.

나는 그리스도 안에서 새 피조물이다. 옛것은 지나갔으니 보라 새것이 되었도다.

나는 죄에 대해 죽고 의에 대해 살았다.

나는 하나님의 음성을 알고, 하나님 말씀에 항상 순종한다.

나는 하나님을 찬양하고 예배하고 기도하기를 좋아한다.

나는 나 자신을 낮춘다. 하나님께서 높여주실 것이다.

나는 누구를 미워하거나 앙심을 품지 않는다.

나는 모든 염려를 주께 맡긴다. 주님께서 돌보시기 때문이다.

나는 모든 생각을 사로잡아 예수 그리스도께 복종하게 한다.

나는 항상 성령 안에서 행한다.

나는 듣기는 속히 하고, 말하기는 더디 하며, 성내기도 더디 한다.

나는 내 혀로 인애의 법을 말한다. 나의 손길에는 친절함이 있다.

나는 내 입의 말로 형제자매에게 해를 끼치지 않는다.

나는 긍정적인 격려자다. 사람들을 굳건하게 세워줄 것이다.

나는 형통한 사람이다. 나는 사랑의 빚 외에는 아무 빚도 지지 않는다.

《말을 바꾸면 삶이 바뀐다》 중에서

05

저주를 축복으로 바꾸어라

발람이 예언을 전하여 말하되 발락이 나를 아람에서, 모압 왕이 동쪽 산에서 데려다가 이르기를 와서 나를 위하여 야곱을 저주하라, 와서 이스라엘을 꾸짖으라 하도다 하나님이 저주하지 않으신 자를 내가 어찌 저주하며 여호와께서 꾸짖지 않으신 자를 내가 어찌 꾸짖으랴(민수기 23장 7-8절).

하나님의 뜻

모세가 이스라엘 백성을 이끌고 광야를 지나 가나안 땅으로 가는 도중에 아모리를 지나가야 했다. 아모리 왕에게 잠시 지나가게 해달라고 간청했지만, 단호하게 거절당한다. 그뿐만 아니라 군대를 일으켜 이스라엘을 쳐들어오기까지 했다. 이스라엘 군대를 오합지졸로 생각하고 만만하게 본 것이다. 더구나 그들은 하나님께서 이스라엘 백성과 함께하신다는 사실을 몰랐다. 결국 이스라엘 군대는 하나님의 힘으로 아모리 족속을 한 사람도 남기지 않고 멸하고 그 땅을 점령해 버렸다.

이 소식이 주변 국가로 퍼져나가기 시작했다. 모압 왕 발락은 소식을 듣고 너무나 두려워서 밤잠을 못 잘 정도였다. 발락은 이스라엘 뒤에는 하나님이 계신 것을 안 것이다. 불은 불로 꺼야 한다. 그래서 신령한 능력이 있는 발람 선지자에게 사신을 보냈다. 발람 선지자는 하나님의 음성을 듣는 선지자라는 소문이 자자했기 때문이다. 모압 왕 발락의 사신들이 발람 선지자를 찾아와 부탁을 한다(민 22:5 이하).

"이스라엘 백성이 코앞에까지 쳐들어 왔습니다. 그들은 너무 강해서 우리로서는 도저히 감당할 수 없습니다. 그대가 복을 비는 사람은 복을 받고, 저주하는 사람은 저주를 받는다는 걸 잘 알고 있습니다. 그러니 오셔서 저 이스라엘을 저주해 주십시오."

가서 저주만 해주면 큰돈을 받을 수 있는 기회였다.

"오늘 밤은 여기에서 지내십시오. 내가 하나님께 여쭈어 보겠습니다."

그날 밤 발람이 하나님께 묻기도 전에 하나님이 먼저 발람에게 오셔서 물으신다.

"너와 함께 있는 이 사람들이 누구냐?"

“네, 모압 왕 발락이 저에게 보낸 사신들입니다. 저더러 와서 이스라엘 백성을 저주해 달라고 합니다. 어떻게 할까요?”

“이집트에서 나온 이스라엘 백성은 복을 받은 백성이니 너는 절대 저주하지 마라.”

발람은 아쉽지만 어쩔 수가 없었다. 다음 날 아침 사신들에게 말했다.

“돌아가세요. 하나님은 내가 당신들과 함께 가는 것을 허락하지 않으십니다.”

사신들이 그냥 돌아오자 발락 왕은 더 높은 고관들을 더 많이 보내서 아주 후하게 보답할 테니. 꼭 이스라엘 백성을 저주해 달라고 재차 부탁하였다.

발람 선지자는 고민에 고민을 했을 것이다. 발락 말대로 이스라엘 백성을 저주하고 한밑천 잡고 싶었을 것이다. 발람 선지자는 이스라엘 사람이 아니었다. 그러니 이스라엘 백성은 자기와 아무 상관이 없다. 그들이 망해도 자신과는 관계없는 일이다. 저주 한 번 해주면 평생 돈 걱정 안 하고 살 수 있다. 정말 평생 한 번 올까 말까 한 대단한 기회였다.

그런데 하나님께서 허락하지 않으신다. 사신들을 따라가자니 하나님이 막으시고, 안 따라가자니 평생 일해도 벌 수 없는 돈이 눈앞에서 어른거린다. 발람은 일단 사신들을 오늘 밤 우리 집에서 묵으면서 기다려 보라고 붙들었다.

하나님은 발람 선지자의 속셈을 다 알고 계셨다. 그날 밤 하나님이 발람에게 말씀하셨다.

"이 사람들이 너를 부르러 왔으니, 너는 일어나 그들과 함께 가거라. 그러나 너는 내가 한 말만 준행할지니라."

가라는 말이 아니라 가지 말라는 것이다. 가면 이스라엘 백성을 축복해야 한다. 그러면 발락 왕에게 한 푼도 못 받고 돌아와야 한다. 그런데도 발람이 아침에 일어나 나귀에 안장을 얹고, 모압 고관들을 따라서 길을 나섰다. 발람이 길 나서는 것 때문에 하나님이 크게 노하셨고, 하나님의 천사가 큰 칼을 빼어 손에 들고 길목에 서 있었다.

나귀의 눈에는 칼을 빼 든 천사가 보였다. 나귀가 천사를 피해 길을 벗어나 밭으로 들어가자, 발람이 나귀를 세차게 때려서 다시 길로 들어서게 했다. 그러자 주님의 천사가 이번에는 두 포도원 사이의 좁은 길을 막아섰다. 길 이쪽에도 담이 있고, 길 저쪽에도 담이 있다. 나귀는 칼을 든 천사를 보자, 무서워서 한쪽 벽으로 몸을 바짝 붙여 걸었다, 그러자 벽에 발람의 발이 긁혔다.

"아야, 이놈의 나귀가 왜 그래."

나귀를 세차게 때렸다. 길이 좁아져 더는 피할 수 없게 되자 나귀는 발람을 태운 채로 주저앉았다. 화가 난 발람이 지팡이로 나귀를 때렸다. 그때 나귀의 입이 열려 사람의 말을 했다.

"왜 때려요. 제가 주인어른께 무슨 잘못을 했다고 저를 이렇게 세 번씩이나 때리십니까?"

"너는 나를 놀림감으로 여기느냐? 나에게 칼이 있었다면 이 자리에서 너를 죽였을 것이다."

그때 발람의 눈이 열려 천사가 칼을 들고 서 있는 모습이 보였다.

"발람아, 나귀가 비켜섰기 망정이지, 그렇지 않았더라면 내가 너는 죽였을 것이다."

"제가 잘못했습니다. 되돌아가겠습니다."

"아니다. 이 사람들과 같이 가거라. 그러나 너는 내가 말해 주는 것만 말하여라."

저주는 유혹이다

발람이 예언을 전하여 말하되 발락이 나를 아람에서, 모압 왕이 동쪽 산에서 데려다가 이르기를 와서 나를 위하여 야곱을 저주하라, 와서 이스라엘을 꾸짖으라 하도다(민 23:7).

발람은 얼마나 이스라엘을 저주하고 싶었을까? 하나님께서 막으셔서 결국 하지 못했지만 저주는 발람에게 크나큰 유혹이었다.

이런 유혹은 우리에게도 있다. 나를 아프게 한 사람, 내 인생에 정말 큰 손해를 끼친 사람, 얼마나 저주하고 싶은지 모른다. 예수님은 산상수훈에서 저주하지 말라고 말씀하셨다.

> 자기 형제나 자매에게 성내는 사람은, 누구나 심판을 받는다. 자기 형제나 자매에게 얼간이라고 말하는 사람은, 누구나 재판정에 불려 갈 것이요, 또 바보라고 말하는 사람은 지옥 불 속에 던져질 것이다 (마 5:22, 새번역).

어느 집사님이 이런 고백을 하셨다.

늘 술만 드시는 아버지는 어머니를 함부로 대했습니다. 말도 안 되는 트집을 잡고 괴롭히고 어머니가 뭐라고 한마디 하면 그 즉시로 주먹이 날아왔습니다. 어머니의 얼굴과 몸은 멍투성이였던 적이 한두 번이 아니었습니다. 어머니를 때리는 아버지가 너무 미워서 아버지와 이혼하라고까지 했습니다. 그때마다 한숨만 쉬며 말씀하셨습니다.

'갈라서는 것이 말처럼 쉽니?'

그러면서 어머니는 참고 사셨습니다. 그때마다 '나는 엄마처럼

맞고는 절대 못 살아. 그렇게는 안 살 거야' 하며 결심에 결심을
했습니다.

어느덧 저도 나이가 들어 결혼을 하고 두 딸의 엄마가 되었습니
다. 그런데 지금 제가 저희 어머니처럼 남편에게 맞고 삽니다. 맞
고는 절대 못 산다고 그렇게는 안 산다고 이혼한다고 했지만, 아
이 둘을 데리고 헤어지는 것은 쉬운 일이 아니었습니다. 어머니
가 왜 그렇게 맞으면서도 참고 살았는지 이제는 알 것 같습니다.
제 딸들도 저처럼 맞고 살까 봐 두렵기만 합니다.

부부간의 폭행과 불행은 대물림되기도 한다. 깨어진 가정에서
성장한 아이들이 그렇지 않은 가정에서 자란 아이들보다 이혼할
확률이 더 높다고 한다. 가정에 불행이 흐르기 때문이다.

알코올중독 부모 슬하에서 자란 아이들이 알코올중독이 될 가
능성이 크다. 폭력적인 가정에서 자란 아이들이 폭력적인 인생을
살 확률이 높다. 불행이 저주처럼 가정에 대물림되기 때문이다.
하지만 그리스도인은 예수 그리스도의 이름으로 저주를 끊을 수
있다.

그리스도께서 우리를 위하여 저주를 받은 바 되사 율법의 저주에서
우리를 속량하셨으니 기록된 바 나무에 달린 자마다 저주 아래에 있

는 자라 하였음이라(갈 3:13).

가정에 흐르는 저주를 축복으로 바꾸어야 한다. 예수님 이름으로 축복하고, 예수님의 마음을 흘려보내서 저주를 씻어 내야 한다. 가정에 흐르는 저주는 대부분 말을 통해 흘러간다. 축복의 가정의 말에는 축복이 배어 있고, 깨어진 가정에는 축복이 없다. 깨어진 가정에서 많이 사용하는 말은 비난과 책망이다

어느 교육기관에서 조사한 자녀들이 싫어하는 말 열 가지다.

1. 공부 좀 해라.

2. 동생이 뭘 배우겠니, 네가 잘해야지.

3. 커서 뭐가 될래?

4. 너는 왜 그 모양이니?

5. 한 번만 더 그래 봐, 가만두지 않을 거야.

6. 옆집 애는 이번에도 1등 했다더라.

7. 내가 너 때문에 못 살겠다.

8. 어디서 말대꾸야?

9. 왜 그렇게 버릇이 없니?

10. 왜 매일 돈타령이니?

비난의 말은 저주를 불러온다. 비난을 듣고 건강하게 성장할 수는 없다. 대부분의 잔소리는 자식 잘되라고 하는 말이지만 마음에 깊은 상처를 준다. 그뿐만 아니라 반항하는 마음을 갖게 하고 관계만 악화시킬 뿐이다. 왜 그럴까?

잘되라는 말 속에 내 감정을 배설하기 때문이다. 자식에게 실망했을 때 실망감을 비난으로 쏟아내기 때문이다. 그러니 아이가 반발하는 것이다. 비난은 대개 '왜'라는 단어로 시작된다.

"왜 아직 안 자."

"왜 지금까지 컴퓨터만 하고 있어."

"왜 청소 안 했어?"

"왜 늦게 들어와!"

'왜'만 빼도 대화가 얼마나 부드럽고 다정해지는지 모른다. 자녀와 문제가 있는가? 부부간에 문제가 있는가? 고부간에 갈등이 있는가? '왜'를 빼고 이야기해 보라. 그러면 뺀 만큼 이해와 배려가 더해져서 관계 또한 개선될 것이다.

하나님께 맡기자

자녀를 하나님께 맡긴다는 것은 잔소리하지 않는 것이다. 혼내고 야단치는 것을 그만두는 것이다. 야단치지 않고 혼내지 않고 자녀를 키우는 것은 속이 썩어 문드러지는 일이다.

딸이 사춘기를 지날 때였다. 매사가 삐딱해서 내 마음에 불이 날 때가 많았다. 하루는 딸에게 말했다.

"야, 마음 같아서는 하루에 세 번씩 너를 실컷 패주고 싶어."

딸아이도 이에 지지 않고 한마디 한다.

"나도 하루에 세 번씩 집 나가고 싶어요."

딸이 고등학교 3학년 올라가는 겨울방학 때였다. 얼마나 중요한 때인가. 그런데 매일매일 인터넷 검색하고 찾은 이미지를 인쇄하고, 문방구에서 형형색색 색종이를 사는 것이다. 나는 방학숙제 때문에 저렇게 분주하게 열심히 하는 줄 알았다. 그런데 그게 아니었다. 가장 친한 친구 생일선물로 평생 잊을 수 없는 손 달력 선물하겠다고 그러는 것이었다. 열두 달을 다른 색상, 다른 분위기, 다른 주제로 달력을 만들고 있었다. 일일이 색종이를 오려서 1일부터 31일까지 만들어서 붙였다. 학교에서 돌아오면 공부는 안 하고 달력에만 매달렸다. 그 중요한 고등학교 3학년 1월을 달력 만드는 데 낭비하고 있었다.

"뭐하는 짓이야? 네가 지금 제정신이야. 너 고3이야. 이런 거 할 시간이 어디 있어. 천금 같은 시간에. 너 대학 안 갈 거야."

이렇게 말하고 싶은 충동이 목까지 올라왔다. 마음 같아서는 딸 앞에서 손 달력 박박 찢어서 불태우고 싶었다. 만약 그랬다가는 정말 가출했을 것이다. 그래서 기도했다.

“하나님, 제 딸 어쩌면 좋아요. 어떻게 해야 하나요.”

하나님께서 기도에 응답해 주셨다.

“네 딸 내게 맡겨라. 너는 다만 축복만 해라.”

절대 혼내지 말라는 것이다. 손 달력 찢어버리지 말라는 것이다. 그래서 새벽 기도회 다녀오면 딸 방에 들어가서 머리에 손을 얹어 축복해 주었다.

“하나님, 하나님의 딸입니다. 하나님께 맡깁니다. 하나님께 쓰임 받는 귀한 딸이 되게 해주세요.”

그리고 쪼그려 앉아서, 밤새 만들다 만 손 달력을 붙들고, 딸이 만들던 방식대로 색종이 오려 붙이고 반짝이 붙이고 색칠을 했다. 빨리 끝내는 것이 최선이었다. 거의 한 달 만에 손 달력이 완성되었는데 꼴도 보기 싫었다.

하나님께 맡기는 것은 혼내고 야단치고 잔소리하는 것을 그만두는 것이다. 대신 자녀를 위해 하나님께 기도하는 것이다.

“하나님, 우리 아이를 축복해 주세요. 자신이 얼마나 소중한지 깨닫게 해주세요. 하나님이 얼마나 사랑하는지 느끼게 해주세요. 그래서 마음속에 있는 외모에 대한 열등감, 성적에 대한 열등감, 성격에 대한 열등감이 사라지고 하나님 자녀라는 자신감으로 충만하게 해주세요.”

하나님의 축복이 내 자녀와 손자 손녀들에게 흐르도록 기도하는 것이 하나님께 맡기는 것이다. 그리고 기도한 대로 하나님이 나를 통해 일하시도록 자녀를 축복하는 것이 하나님께 맡기는 것이다.

내 안에 울고 있는 나

나는 목회를 하면서 하나님 아버지가 참 멀게만 느껴졌다. 나는 힘들고 고통스러운데 하나님 아버지는 도와주지 않으셨다. 나는 죽을 것처럼 힘든데 하나님 아버지는 멀리 서서 구경만 하시는 것 같았다. 시간이 갈수록 목회는 힘들고 그 속에서 나는 지쳐 갔다. 그러던 어느 날 새벽 기도 시간에 어린 시절의 한 장면이 떠올랐다.

열 살 정도 되었을 때, 아버지와 시내에 나가는데 갑자기 비가 억수로 쏟아졌다. 하나뿐인 우산에 의지해 아버지 허리춤을 잡고 그 빗길을 걸었다. 시내를 가려면 다리를 건너야 했다. 좁은 다리는 아니었다. 차가 다닐 수 있을 정도로 넓고 길었다. 다리를 건널 즈음 비바람은 훨씬 더 거세졌다. 아버지는 크고 나는 작았다. 아버지가 아무리 우산을 낮게 쓰셔도 고스란히 내 얼굴과 온몸에 비가 들이쳤다. 눈을 뜰 수가 없었다.

"아빠, 나 업어줘요."

이 말 한마디가 하고 싶었다. 하지만 '너 귀찮게 굴려면 집에 가'라는 소리 들을까 봐 겁이 났고, 아버지가 싫어하실 것 같아 차마 말하지 못했다. 마음속으로는 얼마나 여러 번 연습했는지 모른다.

"아빠, 나 업어줘요. 비 때문에 더는 못 걷겠어요."

이 말을 할까 말까 온몸에 세찬 비바람을 맞으며 수도 없이 망설였다. 아버지에게 거절당하는 것이 두려워서 그냥 비바람 맞는 쪽을 선택했다. 열 살짜리 아이는 아버지가 업어줄 것이라는 기대를 포기했다. 아버지가 모진 비바람을 막아 주실 것이라는 기대도 포기했다. 열 살 때, 너무 어린 나이에 아버지를 포기하고 말았다.

그 후 나는 대학도 내 힘으로 갔다. 생활도 내 힘으로 해냈다. 교회 개척도 집에 손 벌리지 않고 내 힘으로 했다. 나는 아버지에 대한 기대가 없었다. 빗길에서 아버지를 의지하는 것을 포기했기 때문이다.

그런데 이상하게도 이것이 하나님 아버지를 포기하는 것과 연결되었다. 목회가 아무리 힘들어도 내가 고민하고 헤쳐 나가려고 했다. 하나님 아버지가 책임져 주실 것이라는 기대가 없었다. 열 살 아이가 아버지에 대한 기대를 포기했듯이, 나는 하나님의 도우심을 구하지 않고 목회했었다.

어느 새벽 기도 시간에 빗길에 서 있는 열 살의 나를 만나면서 얼마나 서럽게 울었는지 모른다. 그리고 얼마 후에 목사 안수를 받았다. 목사 안수식을 앞두고 장기 금식을 해서 안수받으러 갈 때 나는 뼈만 앙상한 모습이었다. 아들 목사 안수식 보시겠다고 아버지께서 시골에서 올라오셨다. 앙상한 내 모습을 보신 아버지는 하염없이 눈물을 흘리셨다. 아들이 안쓰러워서 흘리는 아버지의 눈물이 내 마음을 적셨다. 나도 흐르는 눈물을 주체할 수 없었다. 아버지에 대한 모든 원망이 사라지는 순간이었다. 무능한 아버지, 가족들에게 함부로 하셨던 아버지에 대한 모든 원망이 눈 녹듯이 녹아 내렸다.

내 마음속에 맺혔던 아버지에 대한 원망이 풀렸고 이것은 모든 축복을 푸는 열쇠가 되었다. 하나님 아버지에 대한 기대가 없었던 내 목회가 달라졌다. 하나님을 의지하고 하나님의 능력에 힘입어 목회하기 시작한 것이다.

그뿐만 아니다. 아내와의 관계도 달라졌다. 어릴 적 나는 아버지가 어머니에게 함부로 했던 모습이 너무 싫었다.

'이렇게 사시려고 결혼하셨나?'

마음에 반발심이 많이 있었다. 그런데 결혼하고 보니 그렇게도 싫어했던 아버지의 모습을 내가 하고 있었다. 부부 관계는 깨어지기 직전이었고 급기야 아내는 돌 된 아들을 남겨두고 집을 나가기도 했다. 그런데 아버지에 대한 상처가 치유되는 순간 아버지와 닮았던 안 좋은 모습에서도 풀려나기 시작했다. 부부 관계에 하나님의 축복이 흐르기 시작했다.

나는 지금 홀로 되신 아버지를 십 년째 모시고 살고 있다. 어느 날 아내가 이런 말을 했다.

"여보, 당신은 아버님과 식사하면서 어떻게 한마디도 안 해?"

"그래? 우리가 한마디도 안 하고 식사하나?"

나는 전혀 의식하지 못하고 있었다. 말 한마디 하지 않는 것이 전혀 어색하지 않았다. 아마도 어릴 때부터 아버지와 식사하면서 말 한마디 하지 않는 것이 몸에 배었기 때문인 것 같다.

나도 내 자식을 아버지처럼 키웠으리라. 말이 없고, 무거운 침묵이 당연시되는 집안 분위기를 만들었으리라. 그런데 아버지와 묶인 것이 풀리면서 나는 축복이 베풀어지는 가정을 이룰 수 있었다.

"아빠, 우리 집보다 더 행복한 집이 또 있을까?"

아이들이 툭 던지는 한마디 말에 코끝이 찡하다. 하나님의 은혜가 너무 감사해서.

일본의 자녀교육 전문가 가나모리 우라코가 말했다.

"부모가 자식에게 남겨줄 수 있는 최고의 재산은 물질적인 것이 아니라 바로 '내 부모는 정말로 행복하고 즐거운 삶을 살았다'고 느끼는 것이다."

행동 지침

이웃을 축복하자.

첫째, 하루에 좋은 일 한 가지 하기.

감리교 창시자 존 웨슬리 목사님의 좌우명이다.

"내가 할 수 있는 모든 선을 행하라. 모든 힘을 다해 선을 행하라. 모든 처지에서 선을 행하라. 모든 장소에서 선을 행하라. 모든 시간에 선을 행하라. 모든 사람에게 선을 행하라. 네가 살아 있는 동안 모든 선을 행하라."

우리는 이웃을 위해 하루에 선한 일 한 가지 하는 것으로 이웃을 축복하자. 승강기에서 뒤에 오는 사람 기다려 주기, 아파트 층간 소음 조심하고 양해하기, 길거리 휴지 줍기, 이웃에게 먼저 인사하기.

둘째, 사랑의 저금통 채우기.

어려운 이웃을 위해 정초에 사랑의 저금통을 만들고, 주머니에 들어 있는 동전과 지폐를 넣는다. 온 가족이 함께 사랑의 저금통에 돈을 모으고 연말에 이웃을 위해 사용하자.

06

저주 속에서 찾아낸 축복

왕은 대답하였다. "스루야의 아들아, 나의 일에 너희가 왜 나서느냐? 주님께서 그에게, 다윗을 저주하라고 분부하셔서 그가 저주하는 것이라면, 그가 나를 저주한다고, 누가 그를 나무랄 수 있겠느냐?"

그런 다음에 다윗이 아비새와 자기의 모든 신하에게 말하였다. "생각하여 보시오. 나의 몸에서 태어난 자식도 나의 목숨을 노리고 있는데, 이러한 때에, 하물며 저 베냐민 사람이야 더 말해 무엇하겠소. 주님께서 그에게 그렇게 하라고 시키신 것이니, 그가 저주하게 내버려 두시오.

혹시 주님께서 나의 이 비참한 모습을 보시고, 오늘 시므이가 한 저주 대신에 오히려 나에게 좋은 것으로 갚아 주실지, 누가 알겠소?"

다윗과 그 부하들은 계속하여 길을 갔다. 그래도 시므이는 여전히 산비탈을 타고 다윗을 따라 오면서 저주하며, 그 곁에서 돌을 던지고, 흙먼지를 뿌렸다(사무엘하 16장 10-13절 새번역).

아버지의 마음

'한국에서 살기 너무 힘들다. 미국으로 가야겠다. 배운 것도 가진 것도 없지만, 그래도 한국보다 미국이 낫겠지. 아이들만이라도 좋은 나라에서 교육시키자.'

이런 생각으로 가족을 데리고 미국으로 이민 간 아버지가 있었다. 한국 이민자가 정착하는 방식대로 식당에서 허드렛일을 하며 밤낮없이 일했다. 아끼고 아껴서 돈을 모아 세탁소를 차렸고, 자식들 공부시키며 미국 생활에 뿌리를 내렸다.

온갖 고생을 해도 자식들 생각하면 마음 한편이 뿌듯했다. 딸은 미국 명문대학인 프린스턴 대학교에 다녔고, 아들도 성적이 좋아 버지니아 공대에서 공부하고 있었다.

2007년 4월 16일, 버지니아 공대에서 누군가 미친 듯이 총으로 학생들을 난사해 32명이 죽고 29명이 다쳤다는 뉴스가 미국 사회를 발칵 뒤집어 놓았다.

"우리 아들 안 다쳤나, 우리 아들 괜찮겠지?"

아무리 전화를 해도 연결이 되지 않아 속만 탔다. 다행인지 불행인지 총기를 난사한 범인은 자살했다고 하고, 아들의 생사를 확인하기 위해 사방팔방으로 수소문했다.

텔레비전에 범인의 얼굴이 공개되었다. 버지니아 공대 4학년 조승희, 자기 아들이었다. 이게 무슨 맑은 하늘에 날벼락인가? 어떻게 이런 일이 일어날 수 있단 말인가? 착하디착한 아들, 공부만 열심히 하던 아들이 어느새 엽기적인 살인마가 되어 죽었다. 조승희 누나가 가족을 대표해서 성명을 발표했다.

"우리 가족은 절망감에 휩싸여 있습니다. 동생이 이렇게 끔찍한 폭력을 저지를 줄 상상도 못했습니다. 우리 가족은 말로 표현할 수 없는 동생의 행동에 대해 깊이 사과드립니다. 우리 모두에게 너무나 끔찍한 비극입니다. 동생은 전 세계를 흐느끼게 했으며, 우리는 지금 악몽 속에 살고 있습니다."

남은 가족은 고개를 들고 다닐 수가 없었다. 깊은 절망감 속에 빠졌다. 아버지가 자살을 시도했다는 소문이 떠돌 정도로 남은 가족은 죽고 싶은 심정이었을 것이다.

조승희의 아버지를 누가 위로할 수 있을까? 세상 어느 아버지도 그를 위로할 수 없을 것 같다. 그러나 성경 속에 한 아버지는 다르다. "내가 그 마음 알지. 내가 그 찢어지는 마음 알아"라고 말할 수 있는 성경 속 아버지가 있다. 바로 다윗이다.

다윗은 올리브 산언덕으로 올라갔다. 그는 올라가면서 계속하여 울고, 머리를 가리고 슬퍼하면서, 맨발로 걸어서 갔다. 다윗과 함께 있는 백성들도 모두 머리를 가리고 울면서, 언덕으로 올라갔다(삼하 15:30 새번역).

지금 무슨 일이 일어난 것인가? 이스라엘 왕 다윗이 예루살렘 궁궐을 떠나 도망가고 있다. 아들 압살롬이 아버지를 죽이려고 쳐들어오는 바람에 급하게 도망가는 길이다.

죽은 큰아들과 죽인 둘째 아들을 바라보는 아버지 마음이 상상이 되는가? 내 아들 죽인 사람은 절대 용서할 수 없다. 그런데 용서 못 할 그 일을 저지른 사람이 바로 둘째 아들이라니……. 용서하지 않을 수도 없다. 그래서 고통 속에서 둘째 아들을 용서한다. 그런데 둘째 아들은 왕자의 난을 일으켜서 아버지까지 죽이려고 한다. 너무 참담하다.

이제는 그 아들을 내가 죽여도 비참하고, 그 아들에게 죽임을 당해도 비참하다. 참담한 피난길에서 사울 왕의 친족 시므이를 만났다. 다윗을 보자마자 시므이가 미친 듯이 돌을 던지며 흙을 날리며 저주를 퍼부었다.

시므이의 저주를 받는 다윗

영영 가거라! 이 피비린내 나는 살인자야! 이 불한당 같은 자야! 네
가 사울의 집안사람을 다 죽이고, 그의 나라를 차지하였으나, 이제
는 주님께서 그 피 값을 모두 너에게 갚으신다. 이제는 주님께서 이
나라를 너의 아들 압살롬의 손에 넘겨주셨다. 이런 형벌은 너와 같
은 살인자가 마땅히 받아야 할 재앙이다(삼하 16:7-12 새번역).

시므이에게는 원한이 있었다. 사울 왕 때는 영화와 권세를 누릴
수 있는 자리에 있었다. 그런데 다윗 왕이 등장하면서 그 좋았던
자리에서 물러날 수밖에 없었다. 울며 도망가는 다윗 왕 꼴이 깨소
금 맛이다.

다윗의 마음이 비참할 대로 비참한데, 시므이가 가슴 후벼 파
는 소리를 한다. 성질 같아서는 당장 목을 베고 싶었지만, 그냥 내
버려 두었다. 흙먼지 뒤집어쓰며 온갖 모욕을 견디며 간다. 이것을
지켜보던 다윗의 심복 아비새가 더 화가 났다.

"임금님, 저 죽은 개 같은 놈이 임금님을 저주하는데, 어찌하여
그냥 보고만 있습니까? 제가 당장 건너가서 그의 머리를 잘라 버
리겠습니다."

아마 20년 전, 사울 왕을 피해 부하들과 함께 광야 생활을 할

때였다면 시므이 목은 남아나지 못했을 것이다.

양 떼와 염소 떼 수천 마리를 소유한 나발이라는 사람이 있었다. 그는 고집이 세고 행실이 포악한 사람이었다. 다윗이 부하들을 보내 도와줄 것을 정중하게 간청했다.

"먹거리를 들려 보내 주십시오."

"도대체 다윗이란 자가 누구냐? 요즈음은 종들이 주인에게서 도망 나가 날뛴다던데, 어디서 굴러먹다 온 놈인지 모르는 자들에게는 양 한 마리도 줄 수 없다!"

화가 머리끝까지 난 다윗은 400여명의 부하들에게 명령하였다.

"모두 허리에 칼을 차거라! 내가 광야에서 소 떼와 양 떼를 지켜주었는데 이럴 수 있느냐. 내일 아침까지, 그 집안 남자들을 하나라도 남겨 둔다면, 나 다윗은 하나님께 무슨 벌이라도 받겠다."

이 모습이 20년 전의 다윗이다. 그러나 지금의 다윗은 딴 사람이다. 흙먼지 뒤집어쓰며 온갖 저주의 말을 들은 다윗은 무슨 생각을 했을까? 다윗은 나단 선지자가 했던 하나님 말씀을 생각했을 것이다.

너는 이렇게 나를 무시하여 헷 사람 우리야의 아내를 빼앗아다가 네 아내로 삼았으므로, 이제부터는 영영 네 집안에서 칼부림이 떠나지 않을 것이다(삼하 12:10 새번역).

그래서 당장 시므이 목을 베겠다는 아비새를 말리면서 이렇게 말한다.

하나님께서 허락한 것은 아닐까

"생각해 봐라. 내 몸에서 태어난 아들도 내 생명을 해하려 하는데, 저 베냐민 사람이야 더 말해 무엇하겠느냐? 주님께서 그에게 그렇게 하라고 명하신 것이니, 그가 저주하게 내버려두어라."

이 대목이 참 기가 막히다. 분명히 시므이가 악감정을 가지고 자기 목숨 내놓고 발악하고 있다. 다윗에게는 많은 부하가 있다. 죽으려고 작정하지 않고서야 이럴 수는 없다. 하지만 다윗은 이 무모한 행동이 하나님께서 허락한 것일지도 모른다고 생각한다.

여러분을 괴롭히는 사람이 있는가? 여러분을 정말 못살게 구는 사람이 있는가? 이상하게도 나를 괴롭히는 사람은 늘 곁에 있는 사람이다. 군대에서는 제대할 때까지 함께 생활해야 하는 선임이고, 직장에서는 같은 부서의 상사이거나 동료다.

시댁 때문에 괴로운 사람도 있고, 남편이나 아내, 자식 때문에 고통스러운 사람도 있다. 정말 하루에도 몇 번씩 죽이고 싶은 마음이 드는 사람도 있을 것이다.

나를 괴롭히는 사람은 하나님께서 허락하셔서 그러는 거라고 생각해 본 적은 없는가? 말도 안 된다고 생각하는가? 저 사람에게 역사하는 악한 영 때문이라고 생각하는가? 다윗은 지금 말도 안 되는 생각을 하는 것인가?

여러분을 괴롭히는 사람이 하나님의 계시를 받고 그러는 것은 아닐 것이다. 그 사람이 나를 싫어하고, 그 사람이 못돼서 그러는 것이다. 그런데 다윗은 자기를 괴롭히는 저주조차 하나님 손길이 있을지 모른다고 생각한다. 다윗은 시므이의 저주 속에서도 축복을 찾아내고 있다.

여호와께서 그에게 명령하신 것이니 그가 저주하게 버려두라(삼하 1:11).

여러분을 괴롭히는 것은 무엇인가? 질병인가, 사업의 실패인가, 가족 간의 깊은 갈등인가? 이것 때문에 절망하고 원망할 수도 있다. 고통을 자신에게 돌리면 절망이 되고, 남에게 돌리면 원망이 된다.

형들은 요셉을 학대했다. 죽이려고 깊은 웅덩이에 빠뜨렸다가

지나가는 미디안 상인에게 은 20을 받고 팔아 버렸다. 꽁꽁 묶여 끌려가는 요셉은 얼마나 두려웠겠는가? 겁에 질린 채 흐느끼며 끌려가는 요셉의 마음에는 절망이 가득했을 것이다.

'난 이제 끝났다. 내 인생 완전히 끝났다. 내가 왜 형들에게 미움받을 짓을 했을까? 아버지에게 고자질하면 이런 일이 일어날 수 있다는 것을 미처 생각하지 못했을까? 꿈 이야기하며 잘난 척하다가 형들에게 미움받을 수 있다는 것을 왜 몰랐을까?'

자신을 자책하며 절망에 빠졌을 것이다. 자책하다 보면 해로운 생각이 머리를 들고 일어난다.

'그래도 그렇지. 어린 내가 그럴 수도 있지. 그래도 형제인데, 다시는 그러지 말라고 혼내고 야단칠 일이지. 형들이 짜고 나를 죽이려고 해. 그게 인간이야! 더구나 돈까지 받고 나를 노예로 팔다니. 짐승만도 못한 것들. 내가 어떻게든 살아남아서 반드시 복수할 거야.'

요셉은 절망의 골짜기에서 쓰러지지 않았다. 원망의 바위산에서 굴러떨어지지도 않았다. 요셉이 총리대신이 되었을 때, 복수할까 봐 형제들이 두려워할 때 참으로 멋진 말을 한다.

"당신들이 나를 이곳에 팔았다고 해서 근심하지 마소서. 나를 이리로 보낸 이는 당신들이 아니요 하나님입니다"(창 45:5, 8).

이 고백이 쉽게 나오지는 않았을 것이다. 왜냐하면 형제들을 다시 만났을 때 요셉은 그동안의 서러움이 복받쳐서 엉엉 울었다. 요셉은 형들의 저주와 이집트의 노예 생활 속에서도 축복을 찾아내었다.

여러분의 인생을 짓누르는 저주는 무엇인가? 여러분의 삶에 불행이 파도처럼 밀려왔는가? 우리는 그 속에서도 축복을 찾아낼 수 있어야 한다.

갑자기 아파서 병원에 입원하면 얼마나 손해가 막심한가. 몸 아파서 고생이지, 일 못해서 손해지, 생각지도 못한 돈까지 지출해야 한다. 더구나 가족들까지 고생한다.

병원에 입원한 것은 분명 불행한 일이다. 그러나 우리는 이 안에서도 하나님의 축복을 찾아낼 수 있어야 한다.

첫째, 병원에 입원하면 쉴 수 있다. 평생 일벌레처럼 쉬는 날 없이 일했는데 "엎어진 김에 쉬어간다"는 말처럼 체력을 재충전할 기회가 될 수 있다.

둘째, 건강에 해로운 것들을 끊게 된다.

셋째, 가족의 고마움을 느낄 수 있다. 아플 때 곁에서 간호해 주고 위로해 주는 가족이 최고라는 사실을 깨닫게 된다.

넷째, 살아온 지난날을 되돌아보고 앞으로 어떻게 살아야 할지 생각하게 한다. 입원한 자리는 하프타임과 같다. 전반전에 몇 골 내주어도 하프타임에 작전을 잘 세우면 후반전에 역전할 수 있다.

다섯째, 신앙생활을 신실하게 하는 계기가 된다. 병원에 심방 가면 대부분 이렇게 말한다.

"목사님, 이제 건강 회복하면 주님의 일 열심히 할게요. 더 많이 기도하고 더 많이 봉사할게요."

여섯째, 퇴원하면 안 하던 운동을 하게 된다.

이것이 저주와 불행 속에서도 축복을 찾아내는 지혜이다.

축복의 사람은 저주 속에서도 하나님의 복을 찾아낸다

혹시 주님께서 나의 이 비참한 모습을 보시고, 오늘 시므이가 한 저 주 대신에 오히려 나에게 좋은 것으로 갚아 주실지, 누가 알겠소 (삼하 16:12 새번역).

다윗은 수모를 겪는 순간에도 하나님의 축복을 기대했다. 내 인생이 잘될 때, 좋은 일이 많을 때, 모든 일이 잘 풀릴 때, 하나님의 복을 찾아내는 것은 쉬운 일이다. 하지만 인생이 고달플 때, 하는 일마다 안 될 때, "불행은 혼자 오지 않는다"는 영국 속담처럼 힘든 일이 연거푸 함께 올 때, 그 속에서 하나님의 복을 찾아내는 일은 쉽지 않다. 바닷가 그 넓은 모래사장에서 언제 빠졌는지도 모르는 반지를 찾는 것처럼 어려운 일이다.

주식을 하다가 수천만 원을 손해 본 청년이 있었다. 청년은 돈을 벌 방법을 모색하다가 해수욕장 모래사장에 묻혀 있을 귀금속을 떠올렸다. 그래서 250만 원 주고 금속 탐지기를 샀다. 젊은이는 밤 늦은 시간에 나가 금속 탐지기로 모래밭을 뒤졌다. 피서객이 흘린 금반지, 목걸이, 귀걸이가 나왔는데 500만 원어치를 찾아내 팔았다. 그런데 귀금속을 습득하면 경찰에 신고해야 하는데 매매한 것이 들통 나서 결국 재판까지 받게 되었다.

모래사장에 묻혀 있는 귀금속은 금속 탐지기로 모두 찾아낼 수 있다. 금속 탐지기처럼 내 인생의 불행 속에 숨겨진 축복을 찾아내는 기도가 있다. 하나님께 묻는 것이다.

“하나님, 이 고난 속에 숨겨진 하나님의 뜻은 무엇입니까?”

“하나님, 이 고통 속에서 내가 무엇을 배우기 원하십니까?”

“하나님, 이 일로 인해 무엇을 깨닫기 원하십니까?”

나는 목사 안수를 받으면서 성직자 셔츠인 로만 칼라 셔츠를 입고 다녔다. 봄, 여름, 가을, 겨울 오직 로만 칼라만 입었다. 어느 날 교회 중직이던 권사님이 말씀하셨다.

“송 목사님, 목사님께서 이런 옷 입는 거 천주교 신부 같아서 싫어요. 입지 않았으면 좋겠어요.”

마음이 상했다.

“권사님은 왜 옷 입는 것까지 참견이세요. 신경 쓰지 마세요.”

이렇게 말하고 싶었지만 꾹 참았다. 대신 에둘러 말했다.

"아, 그래요. 다른 목사님들도 많이 입어요."

그런데 권사님 말씀이 마음에 탁 얹혔다. 마음에 걸려서 도저히 넘어가지 않았다.

'목사 옷 입는 것까지 왜 간섭하시지?'

그 후에는 새벽 기도 때만 로만 칼라를 입었다. 새벽 기도에 그 권사님이 안 나오시기 때문에 마음 놓고 입었다. 새벽 기도 시간이 너무 편하고 좋았다. 넥타이는 길게 매거나 짧게 매면 다시 매야 하고, 삐뚤어지지는 않았는지 점검해야 하는데, 로만 칼라는 얼마나 편한지 모른다. 문제는 수요 예배였다. 권사님은 수요 예배는 절대 빠지는 분이 아니었다. 나는 불편했지만 넥타이를 했다. 넥타이를 하고 나갔더니 권사님이 반색하며 말씀하신다.

"얼마나 좋아요, 목사님. 너무 잘 어울리세요."

"아, 그래요?"

이렇게 말했지만, 마음속으로는 이런 생각이 들었다.

'넥타이나 사주면서 그러시지.'

몸과 마음이 불편해지자 예배의 기쁨이 없었다. 찬양을 해도 은혜가 안 되었다. 사실 내가 로만 칼라 셔츠를 고집하는 데는 사연이 있다.

개척 교회 전도사 때였다. 예배 후에 교인들을 데려다주고 교회로 돌아오는 길이었다. 갑자기 어떤 차가 급하게 끼어드는 바람에 급브레이크를 밟았고, 유리창에 이마를 부딪쳤다. 얼마나 화가 나던지 창문을 열고, "야, 운전 똑바로 해" 하고 소리를 질렀다. 그러자 저쪽에서도 "어디다가 삿대질이야? 개XX야" 하고 욕을 해댔다. 화가 머리끝까지 났다.

"뭘 잘했다고 욕이야. 이런 시빌라이제이션."

육두문자를 써가면서 싸우는데, 뒤에서 젊은 집사님 목소리가 들렸다.

"전도사님, 무서워요. 그냥 가요."

'아, 아직 한 사람이 안 내렸구나. 이 일을 어쩌지.'

내 얼굴은 홍당무가 되었고, 얼른 창문을 닫고 그 자리를 떴다. 그 집사님 앞에서 얼굴을 들 수가 없었다. 지금 생각해도 너무 창피하다. 그 사건이 있은 지 얼마 후에 목사 안수를 받았는데, '평생 성직자 복장을 하고 다니리라'고 결심했다. 그리고 십 년 동안 목회자 셔츠를 입고 살았다.

그런데 권사님의 한마디 때문에 옷 입을 때마다 신경 쓰이고 마음이 불편했다. 예배의 기쁨도 사라지고 말씀을 읽어도 은혜가 안 되었다. 내가 나를 위로하기 시작했다.

'규의야, 쩨쩨하게 옷 입는 것 가지고 왜 그래 사내대장부가. 그냥 넥타이 기쁘게 매고 다니면 되잖아. 너 왜 이렇게 속이 좁아?'

나를 달래도 보고 책망도 해보았지만 불편한 마음은 풀리지 않았다. 그러던 어느 날 새벽, 기도하면서 하나님에게 물었다.

"하나님, 왜 저에게 이런 불편한 경험을 하게 하십니까?"

그때 나를 책망하시는 하나님의 음성이 들렸다.

"나는 네 자아 소유권 문제를 다루고 있다. 너는 네 자아의 주인이 나라고 하면서도 여전히 너구나. 너는 너와 생각이 다를 때 못 견디잖아. 내가 네 자아의 주인이냐? 너의 옛사람이 네 주인이지."

"맞아요, 주님, 내가 내 자아의 주인이었습니다. 주님, 내 자아를 깨뜨려 주세요."

얼마나 회개했는지 모른다. 로만 칼라 셔츠를 벗고 넥타이를 매고 다녔다. 넥타이를 매도 감사했다. 그리고 예배의 기쁨과 은혜가 회복되었다.

행동 지침

시골 사는 아버지가 어느 날 아들에게 전화했다. 길게 통화한 것도 아니고 짧게 한마디 하고 전화를 끊었다. 두 시간 후에 며느리에게 전화가 왔다.

"아버님, 아범에게 전화하셔서 뭐라고 하셨어요? 지금 침대에 엎드려 두 시간째 펑펑 울고 있어요."

아버지가 아들에게 한 말은 이 한마디였다.

"아들아, 사랑해."

진심 어린 말 한마디가 마음속에 묶여 있던 서러움을 풀어 줄 수 있다는 사실을 아는가? 이 한마디가 그간 쌓였던 원망을 눈 녹듯 하게 만들 수 있음을 아는가?

"사랑해!"

"미안해!"

"고마워!"

이 한마디가 필요한 사람은 누구인가?

07

축복은 고난도 이긴다

다윗이 블레셋 사람에게 이르되 너는 칼과 창과 단창으로 내게 나아오거니와 나는 만군의 여호와의 이름 곧 네가 모욕하는 이스라엘 군대의 하나님의 이름으로 네게 나아가노라 오늘 여호와께서 너를 내 손에 넘기시리니 내가 너를 쳐서 네 목을 베고 블레셋 군대의 시체를 오늘 공중의 새와 땅의 들짐승에게 주어 온 땅으로 이스라엘에 하나님이 계신 줄 알게 하겠고 또 여호와의 구원하심이 칼과 창에 있지 아니함을 이 무리에게 알게 하리라 전쟁은 여호와께 속한 것인즉 그가 너희를 우리 손에 넘기시리라(사무엘상 17장 45-47절).

네가 우리 집 가장이다

영화 〈국제시장〉의 내용이다.

젊은 부부가 딸 둘, 아들 둘과 함께 오순도순 행복하게 살고 있었다. 그런데 한국전쟁이 터지고 중공군이 밀려오자, 뼈가 시리도록 추운 겨울날 피난길에 올랐다. 북한 흥남 부두에서 필사적으로 미군 배에 올라탔다. 어린 주인공 덕수는 막내 여동생을 업고 배에 올라타다가 그만 동생을 배 아래로 떨어뜨리고 만다.

"아부지, 막순이가 저 밑으로 떨어졌어요."

아버지는 여동생을 찾으러 내려가야 했다. 입고 있던 두루마기를 덕수에게 입혀주면서 말한다.

"덕수야, 잘 들어라. 아버지 없으면 네가 우리 집 가장(家長)이다."

이 말은 덕수가 아버지와 나눈 마지막 대화가 되었다. 천신만고 끝에 부산으로 내려와 국제시장에서 고모가 운영하는 수입 잡화점 꽃분이네에서 더부살이를 하며 생계를 꾸려 나갔다.

어린 덕수는 가장이 되었다. 어려서는 구두닦이를 하고, 커서는 생선 나무상자를 만들어서 생계를 책임졌다. 공부 잘하는 남동생은 서울대학교에 합격했다. 생선 상자 수만 개를 만들어도 동생 학비로는 턱없이 부족했다. 그래서 남동생 대학 등록금을 벌기 위해 친구와 함께 독일로 갔다.

탄광 막장에서 일하다가 그만 갱도가 무너져 수백 미터 갱 속에 갇히고 만다. 눈물겨운 과정 끝에 간신히 구조되고, 한국으로 돌아와 독일에서 만난 간호사와 가정을 이룬다.

덕수의 꿈은 마도로스다. 해양대학교 합격 통지서를 받고 펄쩍펄쩍 뛰며 기뻐했다. 기쁨도 잠시 여동생 결혼문제와 가족의 삶의 터전인 꽃분이네를 지키기 위해서 돈이 필요했다. 선장이 되고 싶었던 꿈을 포기하고 전쟁이 한창이던 베트남 기술 근로자 신청을 했다. 아내가 극구 말렸다. 어린 아들까지 있는데 남편을 전쟁터로 순순히 보낼 아내가 어디 있겠는가. 하지만 남편은 막무가내다. 아내가 울며 소리친다.

"왜 당신 인생에 당신이 없어요. 그렇게 희생하고 또 희생하고, 그만큼 했으면 됐지. 뭘 또 더하려고 전쟁터까지 가려고 해요."

울며불며 말리는 아내를 뿌리치고 전쟁터로 떠난다. 그리고 한쪽 귀 먹고 한쪽 다리에 치명적인 장애를 입고 귀국한다.

눈물겨운 인생을 산 덕수 이야기에 눈물이 났다. 바로 우리 아버지들의 이야기이기 때문이다. 덕수가 다윗이고, 가난하고 척박한 인생이 골리앗이다. 덕수는 맨몸으로 인생에 다가온 골리앗과 맞서온 것이다.

골리앗이라는 괴물은 우리 안에 있다

평화로운 이스라엘에 어느 날 갑자기 블레셋이 쳐들어 왔다. 블레셋에는 키가 3미터, 입은 갑옷 무게만 57킬로그램인 기골이 장대하고 힘센 장수 골리앗이 있다. 골리앗이 이렇게 고함을 친다.

일대일 결투로 승부를 내자고 하는데 골리앗과 맞설 장수가 없다. 골리앗이 온갖 모욕적인 말로 이스라엘 군대를 조롱해도 모두 숨죽이고 바들바들 떨고 있을 뿐이다.

이때 아버지 심부름으로 다윗이 전쟁터에 왔다. 조롱하는 골리앗의 말을 들은 다윗은 견딜 수가 없었다. 사울 왕에게 가서 자신이 골리앗을 죽이겠다고 했다. 다윗은 갑옷을 입어본 적도, 사람을 자신의 적으로 마주한 적도 없었다. 하지만 하나님의 영이 함께했다. 골리앗이 쓰러지자, 블레셋은 도망치기 시작했고 사태는 반전되었다.

골리앗이 블레셋에게만 있는 것이 아니다. 골리앗 앞에서 바들바들 떨고 있는 두려움이 골리앗이다. 하나님 백성이지만 하나님을 전적으로 신뢰하지 못하는 불신앙이 진짜 골리앗이다. 눈에 보이는 골리앗 때문에 망하는 것이 아니다. 우리 안에 있는 보이지 않는 골리앗 때문에 망한다.

삶 속에서 만나는 골리앗이라는 괴물은 사실 우리 안에 있다. 사업 실패로 낙심해서 자포자기하는 마음이 골리앗이다. 이 골리앗이 인생을 망치고 파괴한다.

하나님의 무기로 골리앗을 무너뜨리자

이집트를 탈출한 이스라엘 백성이 가데스 바네아에 이르렀을 때, 모세가 지파별로 열두 명을 뽑아 가나안 땅으로 정탐을 보냈다. 정탐을 다녀온 열 명은 이렇게 보고한다.

"가나안 땅은 정말 탐스러운 곳입니다. 그러나 성은 견고하고 아낙 자손은 기골이 장대해서 우리는 그곳에 들어갈 수 없습니다. 그들이 보기에 우리는 메뚜기 같습니다. 불가능합니다."

그러나 여호수아와 갈렙은 다른 보고를 한다.

"그들에게는 하나님이 떠났고 하나님이 우리와 함께하시니 그들은 우리의 밥입니다."

아낙 자손이 골리앗이 아니다.

"우리는 안 돼, 나는 할 수 없어, 내 남편은 안 돼, 내 자식은 안 돼, 우리 교회는 안 돼."

이런 말과 생각이 우리 인생을 파괴하는 골리앗이다. 모든 것을 부정적으로 생각하고, 포기해 버리는 나약한 믿음이 진짜 골리앗이다.

다윗이 골리앗과 맞서 싸우겠다고 할 때, 사울 왕이 다윗을 말린다.

"그만두어라. 네가 어떻게 저자와 싸운단 말이냐? 저자는 평생 군대에서 뼈가 굵었지만 너는 아직 어린 소년이 아니냐?"

"저는 아버지의 양 떼를 지키다가 사자나 곰이 달려들어 한 마리라도 물어 가면, 곧바로 뒤쫓아 가서 그놈을 쳐 죽이고, 그 입에서 양을 꺼내어 살려내곤 하였습니다. 그 짐승이 저에게 덤벼들면, 그 턱수염을 붙잡고 때려죽였습니다. 제가 사자도 죽이고 곰도 죽였으니, 저 할례 받지 않은 블레셋 사람도 그 꼴로 만들어 놓겠습니다. 살아 계시는 하나님의 군대를 모욕한 자를 어찌 그대로 두겠습니까? 사자의 발톱과 곰의 발톱에서 저를 살려 주신 하나님께서 저 블레셋 사람의 손에서도 틀림없이 살려 주실 것입니다."

당당한 다윗의 말을 들은 사울 왕은 혹 그럴지도 모른다는 생각이 들었다. 밑져봤자 본전이고 다윗이 나갔다가 한칼에 죽는다고 해도 그가 자청한 일이다.

"그렇다면 나가도 좋다. 하나님께서 너와 함께하길 바란다."

다윗은 목동의 지팡이를 들고 시냇가에서 돌 다섯 개를 고른 다음, 자기가 쓰던 무릿매를 손에 들고 골리앗에게 갔다. 다윗을 본 골리앗은 우습고 가소로웠다.

"막대기를 들고 나에게로 나아오다니, 네가 나를 개로 여기는 것이냐? 어서 내 앞으로 오너라. 내가 너의 살점을 공중의 새와 들짐승의 밥으로 만들어 주마."

말이 안 되는 싸움이었다. 격투기 선수 최홍만과 초등학생이 맞붙는 모양새다. 그런데 이런 말도 안 되는 싸움이 우리의 인생이다.

〈국제시장〉의 덕수가 다윗이고 가난하고 척박한 인생이 골리앗이다. 덕수는 오랜 꿈이었던 선장의 꿈을 포기하고 떠난 전쟁터에서 한쪽 귀는 먹고 한쪽 다리는 장애를 입고 돌아온다. 이제 선장의 꿈은 물거품이 되었다. 장애자가 되어 돌아온 덕수를 붙들고 아내가 절규한다.

"왜 당신 다리가 이렇게 됐어요? 어쩌다가 이 모양이 됐어요?"

펑펑 우는 아내를 덕수가 달랜다.

"괜찮아 아무것도 아니야. 난 괜찮아."

모진 고생을 겪은 덕수의 고백이 눈물겹다.

"우리 자식 세대가 죽을 고생 하지 않고, 우리 세대가 이 고생해서 다행이지. 뭐."

덕수가 파란만장한 인생을 살 수 있었던 힘의 원천은 무엇이었을까? 흥남부두에서 아버지가 두루마기 벗어주면서 했던 한마디 말 때문이었다.

"덕수야, 잘 들어라. 아버지 없으면 네가 우리 집 가장이다."

공부 잘하는 남동생 학비 때문에 탄광 막장에 들어가 죽을 고생한 것도, 여동생 결혼 비용 때문에 전쟁터에 가서 장애자가 된 것도, 모두 "네가 우리 집 가장이다"라는 한마디 때문이었다.

1983년 KBS 이산가족 찾기에서 덕수네 가족은 미국에 입양된 막순이를 찾는다. 온 가족이 다시 모여 행복한 시간을 보내고 있을 때, 할아버지가 된 덕수는 아버지 영정 사진이 있는 방으로 들어간다. 아버지가 흥남부두 미군 배에서 입혀 주었던 다 낡은 두루마기를 방에 펼쳐 놓고 아버지 사진을 보면서 눈물겨운 독백을 한다.

"아버지, 내 약속 잘 지켰지예. 이만하면 내 잘 살았지예. 근데 내 진짜 힘들었거든예."

다윗도 마찬가지였다. 사무엘 선지자에게 들은 한마디가 그의 평생을 이끌어 갔다. 다윗은 열다섯 살 때 사무엘 선지자로부터 왕이 될 사람으로 기름부음을 받았다.

"네가 장차 우리나라 왕이 될 것이다. 하나님이 너를 이스라엘 왕으로 세우실 것이다."

다윗은 사무엘의 선포를 마음에 새겼다. 사무엘의 축복대로 다윗은 이스라엘을 위해 임금처럼 살아간다. 그래서 이스라엘 군대를 모욕하고, 하나님의 군대를 모욕하는 것을 참을 수가 없었다. 다윗이 골리앗을 향해 외친다.

너는 칼과 창과 단창으로 내게 나아 오거니와 나는 만군의 여호와의 이름 곧 네가 모욕하는 이스라엘 군대의 하나님의 이름으로 네게 나아 가노라(삼상 17:45).

다윗은 재빠르게 골리앗이 서 있는 쪽으로 달려가면서, 주머니에 손을 넣어 돌을 하나 꺼내 무릿매로 던져서 골리앗의 이마를 정통으로 맞힌다. 갑자기 정신을 잃은 골리앗이 쓰러졌고, 다윗이 달려들어 골리앗의 칼집에서 칼을 빼어 그의 목을 잘랐다.

사무엘이 기름 뿔병을 가져다가 그의 형제 중에서 그에게 부었더니
이 날 이후로 다윗이 여호와의 영에게 크게 감동되니라(삼상 16:13).

소년 다윗에게 사무엘이 축복했다. 사무엘의 축복이 다윗 인생을 이끌었다.

"네가 장차 왕이 될 사람이다. 하나님이 세우실 임금이 바로 너다."

이 축복이 사자와 곰도 이기고 골리앗도 이기는 능력이 되었다. 위협적인 골리앗 앞에서 사울 왕도 떨고 이스라엘의 백전노장 장수들도 떨고 있을 때, 오직 사무엘의 축복을 받은 다윗만이 담대했다.

다윗이 사무엘의 축복을 받지 않았다면 어떻게 담대할 수 있었을까? 만약 다윗이 아니라 엘리압이 사무엘의 축복을 받았다면 엘

리압이 골리앗을 이겼을 것이고, 셋째 아들 삼마가 사무엘의 축복을 받았다면 삼마가 골리앗을 이겼을 것이다.

축복받은 사람은 마음속에 하나님께서 함께하신다는 믿음이 있다. 그 믿음이 마음속에 있는 골리앗이라는 두려움을 몰아내고, 할 수 있다는 믿음이 골리앗을 이기게 한다. 축복이 골리앗을 이긴 것이다.

축복하라. 하나님의 이름으로 축복하라. 축복이 인생의 모든 골리앗을 이기게 한다.

나도 20년 전에 골리앗을 만난 적이 있다. 그 고통은 선을 행하다 받게 된 것이었다. 정말 좋은 일 하다가 당하게 된 고난이었다.

상해죄로 교도소에서 삼 년을 복역하고 출소한 조직 폭력배가 동생을 만나겠다고 찾아왔다. 그 동생은 우리 교회 청년이었다. 그런데 동생은 형을 만나고 싶어 하지 않았다. 자기는 고아라서 형이 없다는 것이다. 사연이 있는 형제였다. 두 사람의 관계 회복과 하나님을 알게 되기를 바라는 마음에 그를 집에 들였다. 아들 방을 내주었고 100일을 같이 살았다. 사람 만들어 주고 싶었다. 그래서 함께 10일 금식도 했다. 드디어 100일 만에 동생이 찾아왔다. 8년 만에 형을 용서하고 찾아온 것이다. 그런데 8년 만에 만나 식사하면서 형이 술을 마시기 시작했고, 술자리에서 동생을 폭행했다.

조직 폭력배 형이 다시 술을 마시기 시작하면서 행패가 시작되었다. 밤마다 찾아와서 우리 집 문을 발로 차면서 술값 내놓으라고 고래고래 소리 질렀다. 두렵고 무서운 나머지 아내는 장까지 탈이 났다. 저녁 예배드리고 교인들과 인사하고 올라오면 구석에 숨어 있다가 나와서는 멱살을 잡고 술값 내놓으라고 온갖 행패를 부렸다.

미칠 지경이었다. 목사의 불행은 도망갈 데가 없다는 것이다. 행패 부리는 대로 당할 수밖에 없었다. 그때 아들이 일곱 살, 딸이 세 살이었다. 혹시나 어린아이들에게 해코지할까 봐 얼마나 가슴 졸였는지 모른다. 기도할 수밖에 없었다.

"하나님, 도와주세요. 하나님, 제발 어떻게 해주세요."

그때처럼 애절하게 기도해 본 적이 없었다. 기도할 때마다 하나님께서 말씀을 주셨다.

두려워하지 말라 내가 너와 함께 함이라 놀라지 말라 나는 네 하나님이 됨이라 내가 너를 굳세게 하리라 참으로 너를 도와 주리라 참으로 나의 의로운 오른손으로 너를 붙들리라(사 41:10).

기도하면 마음이 평안했고 담대함까지 생겼다. 그런데 막상 이 녀석만 나타나면 가슴이 철렁했다. 교회 중직들은 그를 신고하자고 했지만, 나는 그럴 수 없었다. 나는 생명을 살리는 소명이 있는 목회자이기 때문이다. 어느 날 예배당에서 하나님 말씀을 읽는데, 갑자기 눈물이 쏟아지기 시작했다.

이 말씀은 하나님께서 해결해 주실 거라는 기도응답이었다. 그리고 며칠이 지났다. 새벽 기도하고 나오는데 옥상에서 그가 내려왔다.

"목사님, 죄송합니다. 제가 어젯밤 옥상에서 자다가 꿈을 꾸었어요. 하나님이 나타나셔서 '송 목사는 내가 사랑하는 아들이다. 네가 송 목사 몸에 손을 대면 내가 네 생명을 거두어 가리라'고 말씀하셨어요. 죄송합니다, 목사님."

그리고 내려가는 것이다. 다시 예배당으로 들어가서 그동안 불안하고 마음 졸였던 서러움이 한꺼번에 터지는 바람에 얼마나 울었는지 모른다. 하나님은 이 모든 상황을 보고 계셨다. 내가 수모 당하고 참고 있는 것을 알고 계셨다. 그 후로 그는 하나님이 무서워 내 몸에 손도 못 대었다.

하나님은 그분의 자녀를 사랑하신다. 사탄이 우리 몸에 손도 못 대도록 지켜주신다. 축복은 이것을 선포하는 것이다. 자신에게, 자녀에게, 아내에게, 남편에게 이렇게 축복해 보지 않겠는가?

"하나님은 있는 그대로의 너를 사랑하신다. 너는 하나님의 자녀다. 하나님이 책임지실 것이다. 너는 하나님에게 소중한 사람이다. 하나님이 늘 너와 함께하신다. 하나님이 너를 도와주실 것이다."

사는 것이 힘들고 인생의 짐이 너무 무거운가? 힘겨운 인생을 덕수처럼 묵묵히 견뎌내고 있는 나 자신을 축복해 보지 않겠는가? 거울을 보고 자기 자신에게 이렇게 말해 보자.

'수고가 많구나. 힘들어도 꿋꿋하게 견디고 있는 네가 자랑스럽다. 사랑하고 축복한다.'

그리고 자기 자신을 꼭 안아주고 축복해 주자.

나를 사랑하는 몇 가지 방법

1. 물을 마셔도 예쁜 그릇에 마시자.

2. 생일이나 기념일에 나에게 선물하자.

3. 나에게도 편지를 쓰자.

4. 자기 자신과 타인을 비교하지 않는다.

5. 앞으로 일어날 것 같은 일 때문에 자신을 괴롭히지 않는다.

6. 하루에 한 번은 조용한 시간을 갖는다.

7. 자신에게 노래를 불러주자.

8. 마음이 내린 결정을 지지해 주자.

9. 생각 속에서 남을 비판하려는 목소리가 들려올 때는 침묵을 지키자.

10. 삶의 조화와 균형을 생각하자.

11. 때로 자기 자신에게 놀라운 기쁨을 안겨 주자.

12. 나를 위해 꽃을 사자.

13. 어떤 순간이든 그 순간에 몰입해 보자.

14. 내가 가진 달란트를 높이 인정하자.

08

고난도 축복이다

그런데 내가 앞으로 가도 그가 아니 계시고 뒤로 가도 보이지 아니하며 그가 왼쪽에서 일하시나 내가 만날 수 없고 그가 오른쪽으로 돌이키시나 뵈올 수 없구나. 그러나 내가 가는 길을 그가 아시나니 그가 나를 단련하신 후에는 내가 순금 같이 되어 나오리라(욥기 23장 8-10절).

고난 속에서 피어나는 축복

아주 먼 옛날, 우스라는 동네에 욥이라는 사람이 살고 있었다. 욥은 흠이 없고 정직하고 하나님을 경외하며 악을 멀리하는 사람이었다.

욥에게는 열 명의 자녀와 양, 낙타, 소 등 가축이 엄청나게 많았고, 많은 종을 소유한 대단한 부자였다. 세상에서 부러울 것이 없는 인생이었다. 그리고 하나님을 신실하게 섬겼다.

하루는 하늘에 하나님이 계시는데 사탄이 들어왔다. 하나님이 사탄에게 물었다.

"어디를 다녀오는 길이냐?"

"땅을 이리저리 돌아다니다가 오는 길입니다."

"그래, 너는 내 종 욥을 잘 살펴보았느냐? 이 세상에는 그만큼 흠이 없고 정직하고 하나님을 경외하며 악을 멀리하는 사람은 없구나."

그러자 사탄이 하나님께 대꾸한다.

"욥이 아무것도 바라는 것 없이 하나님을 경외하겠습니까? 하나님이 욥과 그 가족을 울타리로 감싸 주시고, 그가 하는 일에 복을 주셔서, 그의 소유를 온 땅에 넘치게 하지 않으셨습니까? 이제라도 하나님께서 그가 가진 모든 것을 치시면, 그는 하나님을 저주할 것입니다."

"사탄아, 절대 그렇지 않을 것이다. 내가 그의 소유물을 다 네 손에 맡겨 보겠다. 다만, 그의 몸에는 손을 대지 마라!"

사탄이 신이 나서 물러갔다.

하루는 욥의 일꾼 하나가 다급하게 달려와서 말했다.

"스바 사람들이 갑자기 들이닥쳐, 가축들을 모두 빼앗아 가고, 종들을 칼로 쳐서 죽였습니다. 저 혼자만 겨우 살아남았습니다."

일꾼의 말이 채 끝나기도 전에 또 다른 일꾼이 달려와서 말하였다.

"하늘에서 하나님의 불이 떨어져서, 양 떼와 목동들을 모두 살라 버렸습니다. 저 혼자만 겨우 살아남았습니다."

이 사람이 말을 마치지도 않았는데, 또 다른 사람이 달려와서 말하였다.

"갈대아 사람들이 달려들어서 낙타를 전부 끌어가고, 종들을 칼로 쳐서 죽였습니다. 저 혼자만 겨우 살아남았습니다."

이 사람도 말을 마치지 않았는데, 또 다른 사람이 달려와서 말하였다.

"주인어른의 큰 아드님 댁에서 음식을 먹고 있는데, 갑자기 광야에서 강풍이 불어와서, 집이 무너지는 바람에 모두 죽었습니다. 저 혼자만 겨우 살아남았습니다."

이제 욥에게는 아무것도 남아 있지 않았다. 가축은 모두 빼앗기고, 종들은 다 죽고, 사랑하는 가족은 욥의 곁을 떠났다. 욥은 잔인한 시련을 겪어야 했다.

잔인한 슬픔을 담은 시 한 편을 소개하고자 한다. 젊은 아내가 암으로 죽어가고 있는 것을 바라보며 쓴 시다.

접시꽃 당신

옥수수 잎에 빗방울이 나립니다

오늘도 또 하루를 살았습니다

낙엽이 지고 찬바람이 부는 때까지

우리에게 남아 있는 날들은

참으로 짧습니다

아침이면 머리맡에 흔적 없이 빠진 머리칼이 쌓이듯

생명은 당신의 몸을 우수수 빠져나갑니다.

당신과 내가 함께 받아들여야 할

남은 하루하루의 하늘은

끝없이 밀려오는 가득한 먹장구름입니다.

옥수수 잎을 때리는 빗소리가 굵어집니다

이제 또 한 번의 저무는 밤을 어둠 속에서 지우지만

이 어둠이 다하고 새로운 새벽이 오는 순간까지

나는 당신의 손을 잡고 당신 곁에 영원히 있습니다.

결혼하고 2년 후에 위암 진단을 받은 아내가 투병하는 것을 지켜보면서 마음의 아픔을 풀어낸 〈접시꽃 당신〉이라는 시다. 시인이 사랑하는 아내는 세 살 난 아들과 넉 달 된 딸을 남기고 세상을 떠났다.

인생은 머리를 들 수 없을 정도로 흔들리는데 그토록 의지해 왔던 하나님은 보이지 않는다. 축복 중에는 하나님이 가까이 계시더니, 시련 속에서는 하나님이 보이지 않는다. 경건한 욥이 몸부림친다.

흔들리는 것이 인생이다

그런데 내가 앞으로 가도 그가 아니 계시고 뒤로 가도 보이지 아니하며 그가 왼쪽에서 일하시나 내가 만날 수 없고 그가 오른쪽으로 돌이키시나 뵈올 수 없구나(욥 23:8-9).

사는 날 동안 인생의 풍파를 겪지 않고 사는 사람은 세상에 단 한 사람도 없을 것이다. 누구에게나 어려움은 있다. 풍랑도 있고, 무거운 짐도 있고, 찌르는 가시도 있다.

"네가 무엇인가 하나님께 죄를 지었으니 이런 벌을 받지 아무 잘못도 없는데 하나님께서 이런 고난을 겪게 하겠는가?"

욥의 친구들은 고통 중에 몸부림치는 욥에게 마음 아픈 말을 했다. 우리는 고난을 겪는 이들에게 함부로 말해서는 안 된다. 욥은 주님께 순종하는 삶을 살았는데도 엄청난 고난을 받았다.

시련과 고통은 함께 오기도 한다. 아내를 위암으로 잃은 젊은 시인은 3년 뒤에 또 시련을 겪게 된다. 그는 학생을 가르치는 교사였는데 1989년 전국교직원노동조합의 일로 교단에서 내려와야 했다. 해직 교사가 된 것이다. 그리고 십 년 동안 가난과 해직 교사라는 멍에를 메고 고통의 나날을 보내야 했다.

드디어 긴 기다림 끝에 복직되어 중학교 교사로 교단에 서게 되었다. 가르치고 싶었던 긴 목마름의 열정을 교단에서 쏟아 부으며 학생들을 가르쳤다. 그런데 가르치는 기쁨도 잠깐이었다. 몸에 이상이 생겼다. 병원에서 '자율신경 실조증'이라는 불치병 진단을 내렸다. 시도 때도 없이 일어나는 발작 때문에 도저히 학생들을 가르칠 수가 없었다.

해직 교사 십 년이라는 시간을 복직되면 교단에 설 수 있고 가르칠 수 있다는 희망 하나로 견디었다. 그런데 그토록 갈망했던 교단을 스스로 내려와야 했다. 젊은 시인은 이렇게 고백한다.

"저는 천천히 추락하고 있었습니다. 많은 것들로부터 떠나야 했습니다. 그리고 관계하던 모든 일에서 손을 놓아야 했습니다."

젊은 시인은 해직 교사 시절 하나님을 의지하며 살았다. 힘들고 지칠 때마다 하나님은 힘과 생기를 주셨다. 그러나 지금 하나님은 이 시인에게 병과 쇠락을 주시고 있다. 예전에 하나님은 수많은 문제를 헤쳐 나갈 수 있는 용기를 주셨는데, 이제는 무기력함과 단절뿐이다. 몸은 말을 듣지 않았다. 늘 위안과 지혜와 용기를 주시던 사랑의 하나님은 왜 나에게 불치병을 주시고 몸부림치게 하시는 걸까, 내가 무슨 잘못을 한 것일까?'

도종환 시인의 〈흔들거리며 피는 꽃〉에는 그의 생각과 마음이 고스란히 담겨 있다.

흔들거리며 피는 꽃

흔들리지 않고 피는 꽃이 어디 있으랴
이 세상 그 어떤 아름다운 꽃들도
다 흔들리면서 피었나니
흔들리면서 줄기를 곧게 세웠나니
흔들리지 않고 가는 사랑이 어디 있으랴.

젖지 않고 피는 꽃이 어디 있으랴
이 세상 그 어떤 빛나는 꽃들도
다 젖으며 젖으며 피었나니
바람과 비에 젖으며 꽃잎 따뜻하게 피웠나니

젖지 않고 가는 삶이 어디 있으랴.

어느 날 갑자기, 재산과 자식을 모두 잃은 욥은 땅바닥에 엎드려 이렇게 고백한다.

모태에서 빈손으로 태어났으니, 죽을 때에도 빈손으로 돌아갈 것입니다. 주신 분도 주님이시요, 가져가신 분도 주님이시니, 주님의 이름을 찬양할 뿐입니다(욥 1:21 새번역).

이 모습을 보고 하나님께서 감탄하신다.

"사탄아, 너는 내 종 욥을 잘 살펴보았느냐? 이 세상에 이 사람만큼 흠이 없고 정직한 사람이 없다. 네가 나를 부추겨서 공연히 그를 해치려고 하였지만, 그는 여전히 자기의 온전함을 굳게 지키고 있지 않느냐?"

사탄이 하나님께 말한다.

"이제라도 하나님께서 손을 들어서 그의 뼈와 살을 치시면, 그는 당장 하나님을 저주하고 말 것입니다."

"안 그럴 것이다. 그렇다면 그를 너에게 맡겨 보겠다. 그러나 그의 생명만은 해하지 마라."

사탄이 욥을 쳐서, 발바닥부터 정수리까지 온몸에 악성 종기가 생겼다. 종기 때문에 고름과 피가 나고 너무 가려워서 잿더미에 앉아서, 질그릇 조각으로 자기 몸을 긁어야 했다. 욥의 아내조차도 욥에게 하나님을 저주하고 죽으라고 할 정도였다. 그때 욥은 말한다.

"우리가 누리는 복도 하나님한테 받았는데, 어찌 재앙이라고 해서 못 받는다 하겠소?"

내 인생은 내 것이 아니다. 우리의 재산도 내 것이 아니다. 우리의 건강도 내 것이 아니다. 내가 사랑하는 사람도 내 것이 아니다. 우리가 언제까지나 무한정 쓸 수 있는 것은 없다. 언제든지 하나님께서 가져가시겠다고 하면 돌려드려야 한다. 주신 분이 하나님이시기 때문이다. 내 목숨도 내 것이 아니다. 하나님이 그만 거두어 가시겠다고 하면 드려야 한다. 별 도리가 없다. 그러나 하나님은 고난 가운데 축복을 준비하시는 분이다.

고통 가운데 축복을 준비하시는 하나님

그러나 내가 가는 길을 그가 아시나니 그가 나를 단련하신 후에는 내가 순금 같이 되어 나오리라(욥 23:10).

시집 《접시꽃 당신》을 쓴 도종환 시인은 사십 대 후반에 자율신경 실조증이라는 희귀병을 만나 주저앉아야 했다. 십 년 만에 복직하면서 '앞으로는 좋은 일, 기쁘고 희망차고 보람 있는 시간이 기다리고 있을 거야. 이제부터는 꽃길만 걸을 거야'라고 생각했을 것이다. 착각이었다. 자율신경 실조증은 인생의 모든 것을 내려놓게 하였다.

그리고 깊은 산속에 들어가 요양하며 살았다. 삼 년이 지나고 오 년이 지나고, 산속에서 혼자 고요히 죽음을 기다리며 지내야 했다. 시인의 인생은 서서히 끝나가고 있었다. 소망이 보이지 않는 고통의 시간 속에서 도종환 시인은 숨겨진 축복을 헤아리기 시작했다.

'내가 아프지 않았다면, 어떻게 읽고 사유하고 쓰는 시간을 가질 수 있었을까? 병에 걸린 것도 하나님의 축복이구나!'

고난의 벼랑 끝에 서 있는 시간도 축복의 시간이라고 생각하자 지금까지 살아오면서 겪었던 수많은 고통도 축복으로 다가오기 시작했다. 젊은 시절의 가난과 외로움도 자신을 강한 사람으로 빚어내는 축복이었다. 아내가 세상을 떠난 좌절과 절망의 시간도 인생이 무엇인지 일찍 눈 뜨게 되는 축복의 시간이었다.

교단에서 해직되고 교도소에 가고, 시련과 역경 속에서 질병에 무너지게 된 것도 자기 자신이 성숙해지는 하나님의 거룩함을 이루어가는 축복이었음을 깨닫게 되었다. 이런 시간이 없었다면 다른 길을 걸었을 것이다. 시 쓰는 사람으로 살지 않았을 것이다. 산속에서 죽음을 기다리면서 〈축복〉이라는 시를 썼다.

이른 봄에 내 곁에 와 피는 봄꽃만 축복이 아니다

내게 오는 건 다 축복이었다

고통도 아픔도 축복이었다

뼈저리게 외롭고 가난하던 어린 날도

내 발을 붙들고 떨어지지 않던

스무 살 무렵의 진흙덩이 같던 절망도

생각해 보니 축복이었다

그 절망 아니었으면 내 뼈가 튼튼하지 않았으리라.

세상이 내 멱살을 잡고 다리를 걸어

길바닥에 팽개치고 어둔 굴속에 가둔 것도

생각해 보니 영혼의 담금질이었다.

한 시대가 다 참혹하였거늘

거인 같은, 바위 같은 편견과 어리석음과 탐욕의

방파제에 맞서다 목숨을 잃은 이가 헤아릴 수 없거늘

이렇게 작게라도 물결치며 살아 있는 게

복 아니고 무엇이랴.

육신에 병이 조금 들었다고 어이 불행이라 말하랴
내게 오는 건 통증조차도 축복이다
죽음도 통곡도 축복으로 바꾸며 오지 않았는가
이 봄 어이 매화꽃만 축복이랴
내게 오는 건 시련도 비명도 다 축복이다.

고난도 축복이라고 고백하는 도종환 시인에게 기적이 일어나기 시작했다. 몸이 회복되기 시작한 것이다. 자율신경 실조증이라는 불치병이 치유되기 시작했다. 산속에서 10년 만에 건강을 다시 회복할 수 있었다. 지금은 국회의원이 되어 나라를 위해 자신의 인생을 불태우며 제2의 인생을 살고 있다.

만일 하나님이 우리를 위하시면 누가 우리를 대적하겠는가(롬 8:31).

고난도 축복이다. 예수님의 십자가 고난도 부활의 축복으로 살아나는 것처럼 지금 우리가 겪고 있는 고난 속에는 축복이 숨겨져 있다. 우리에게 고난은 축복의 문을 여는 열쇠와 같은 것이다. 삶 가운데 겪게 되는 어려움과 고난 앞에 당당해지자.

행동 지침

만지지 않으면 사랑이 아니다.

어머니가 충분히 안아주었던 경험은 이 세상 어떤 것과도 바꿀 수 없는 안정감을 준다. 자신이 사랑을 충분히 받고 있음을 확신하게 해주는 이런 기억은 영원히 마음에 남는다.

피부는 제2의 뇌다. 피부를 통해 우리는 감각만 느끼는 것이 아니라, 심리적 안정감과 사회적 유대감을 느낀다. 흔히 말하는 스킨십은 말로 할 수 없는 수많은 감정을 교류하는 본능적인 커뮤니케이션의 수단이며 정서적 교류다.

《애무–만지지 않으면 사랑이 아니다》 중에서

사랑의 포옹은 소속감과 일체감, '너는 특별하다'는 느낌을 갖게 하는 효과가 있다. 부모의 포옹은 축복이고 삶의 가치를 더해 준다.

아래의 내용처럼 포옹의 효과는 기대 이상이다.

아침과 저녁에 우리의 자녀를, 남편을, 아내를 포옹하며 축복하자.

다음은 포옹이 주는 놀라운 효과다.

1. 기분 전환에 좋다.

2. 외로움을 없애 준다.

3. 두려움을 이기게 해준다.

4. 자부심을 느끼게 해준다.

5. 긴장을 풀어준다.

6. 불면증을 치료해 준다.

7. 욕구불만이 있는 살찐 사람의 식욕을 줄여 준다.

8. 즐거움과 안정감을 준다.

"신부님, 저는 이제 맹인이 되어서 더 이상 봉사를 할 수가 없습니다. 열다섯 살 때부터 제 삶에 큰 의미를 부여했던 그 봉사를 말이에요."
나는 이렇게 대답했다.
"당신 인생의 마지막 1분까지도 당신은 당신에게 식기를 들고 오는 친구에게 미소를 지을 수 있을 것이고 당신의 그 미소가 그날 하루 동안 그가 해낼 몫의 일을 할 수 있게 돕는다면 당신은 이미 봉사를 한 것입니다."
— 아베 피에르, 《피에르 신부의 유언》 중에서

복 있는 사람은 악인들의 꾀를 따르지 아니하며

죄인들의 길에 서지 아니하며 오만한 자들의 자리에 앉지 아니하고

오직 여호와의 율법을 즐거워하여 그의 율법을 주야로 묵상하는도다.

시편 1편 1–2절

09

감사가 축복을 부른다

범사에 감사하라 이것이 그리스도 예수 안에서 너희를 향하신 하나
님의 뜻이니라(데살로니가전서 5장 18절).

욕심이 앞서면 감사가 보이지 않는다

언젠가 몸이 불편하신 어머니를 모시고 치악산에 다녀온 적이
있다. 휠체어에 타신 어머니와 함께 단풍을 감상하며 산책을 하는
데 바람이 휙 불었다. 그때 후드둑하고 나무에서 뭔가가 떨어지는
소리가 났다. 소리 난 곳을 보니, 토실토실하고 윤기가 흐르는 알
밤이었다. 알밤을 줍는데 그렇게 신이 날 수가 없었다. 금방 나무
에서 떨어진 토실토실한 알밤이 여기저기 떨어져 있는데, 보물찾
기보다 몇 배나 더 재미있었다. 주머니가 가득 차도록 알밤을 주었
다. 알밤을 찾는 내 눈은 반짝반짝 빛이 났다.

바람이 불어 밤나무가 흔들릴 때마다 알밤이 떨어졌다. 입에서 저절로 "주님, 감사합니다!"가 연신 나왔다. "바람아, 좀 더 세게 불어다오" 하고 외치고 싶었다.

이렇게 신나게 수확의 기쁨을 누리고 있는데 어떤 등산객이 나타났다. 내가 밤 줍는 것을 보고 가던 길을 멈추고 그도 밤을 줍기 시작했다.

나는 느꼈다. 내 눈은 좀전 보다 훨씬 더 빨라졌고, 내 몸은 무척 바빠지고 있었다. 그 등산객 때문에 내 안에 있는 욕심이 발동하기 시작한 것이다.

'저 양반, 그냥 등산이나 할 것이지. 왜 걸음 멈추고 여기서 얼쩡대지?'

그 순간 바람이 휙 불어 나무가 흔들리더니 알밤이 후드득 떨어지는 것이 아닌가?

'바람아, 너 왜 그래. 좀 있다가 불어주면 안 되겠니?'

내가 심은 밤나무도 아니고, 내가 거름 주고 물 주어 키우지도 않았다. 치악산 국립공원 안에 있는 밤나무다. 그런데 더 많이 가지고 싶은 욕심이 발동하자, 마음은 바빠지고 마음 쓰는 것이 누추해지기 시작한 것이다.

처음 알밤 주울 때는 얼마나 감사했는지 모른다. 바람 불면 더 감사했다. 그런데 등산객이 나타나면서 달라졌다. 내 마음에 더 많이 주우려는 욕심이 생기자 감사와 기쁨은 모두 사라져 버렸다. 야고보 사도 말이 맞았다.

우리 안에 욕심이 많으면 은혜를 당연하게 여긴다. 하나님께서 은혜를 베푸셔서 밤나무에 밤이 열린 것이다.

자녀는 부모의 은혜를 당연하게 여긴다. 짐승도 자기 새끼를 위하고 아끼는데 사람이 제 자식을 위해 수고하는 것이 뭐 그리 대단한 것이냐고, 다른 부모들도 그 정도는 다 한다고 생각한다.

학생은 스승의 은혜를 당연하게 여긴다. 선생님이 무료로 우리를 가르쳐 주는 것도 아니고 우리가 낸 수업료를 받기 때문에 감사할 필요가 없다고 생각한다.

독일의 대문호 괴테는 "세상에서 가장 쓸모없는 사람은 바로 감사할 줄 모르는 사람이다"라고 했다. 자기 욕심, 자기 문제에 휩싸이면 은혜가 보이지 않는다. 부모의 은혜가 보이지 않고, 스승의 은혜가 보이지 않고, 하나님의 은혜가 보이지 않는다.

공부방 아이들 이야기

1998년 IMF 때, 가난하고 깨어진 가정의 아이들이 길거리에서 방황하고 있었다. 그 아이들을 모아서 매일 밥을 먹이고 공부를 가르쳐 주는 무료 공부방을 시작했다.

대부분이 경제적인 이유로 깨어진 가정의 아이들이었고, 부모에게 학대당한 아이들도 많이 있었다. 아이들은 상처가 많아서 그런지 정말 말썽을 많이 부렸다. 무엇을 상상하든 그 이상이었다.

어느 날은 생수통에서 오줌 냄새가 났다. 원장선생님이 싫은 소리 좀 했다고 6학년 남학생 세 명이 생수통에 오줌을 싼 것이다. 공부방 바로 위층에 교회 교육관 겸 목양실로 사용하는 방이 있었다. 어떤 녀석은 목양실에 몰래 들어와 교회 재정부 금고도 훔쳐가고, 어떤 녀석은 함께 축구도 하며 놀아주는 전도사 노트북도 훔쳐갔다. 주일날에는 교회 식당에서 어슬렁거리다가 주방 봉사하는 집사님 지갑을 슬쩍 훔쳐가기도 했다. 정말 쉬지 않고 때마다 날마다 말썽을 부렸다.

그러던 어느 날이다. 추석 명절이 끝나갈 즈음에 교회가 있는 지하상가 입주민들이 다급하게 불렀다. 상가 2층 교회 공부방에서 물이 콸콸 새어 나와 계단을 타고 지하로 흐르고 있다는 것이다. 들어가서 보니 아이들이 주방 수도꼭지에 호수를 꼽아 공부방을 수영장처럼 만들어 놓고 슬라이딩하며 장난을 치고 있었다. 공부방에는 아이들 먹을 쌀 포대가 쌓여 있었는데, 물이 스며들어 종이 포대가 젖고 찢어져서 퉁퉁 불은 쌀이 떠다니고 있었다. 피아노 뒤에는 한 포대 분량의 젖은 쌀을 쑤셔 박아 놓았다. 물이 차올라 책장 하단에 있던 책은 모두 젖었고, 장판은 물에 들떴고, 벽지도 물을 먹어 얼룩져 있었다.

그 광경을 본 나도 기가 막혔는데, 공부방 교사들의 얼굴은 사색이 되어 있었다. 어쩌면 이럴 수 있단 말인가? 아이들에게 깊은 배신감과 실망을 느꼈다.

우리가 들어오자 난리 치던 아이들이 이 방 저 방으로 숨었다. 혼내지도 않았다. 너무 어처구니가 없어서 혼내고 싶지도 않았다.

사고 친 일곱 명의 아이들과 물을 빼내며 방을 치우기 시작했다. 그날이 마침 수요일 저녁이어서 청년들도 오고 집사님들도 하나둘씩 모여 함께 청소를 했다. 그 누구도 말이 없었다. 무슨 말을 할 기분이 아니었다.

성가대 가운이 들어 있는 옷장을 열어 보니 가운이 바닥에 떨어져 물에 흠뻑 젖어 있었다. 꺼내서 말려야 했다. 그런데 젖은 가운들이 이리저리 얽혀서 잡아당겨도 잘 나오지 않았다. 갑자기 짜증이 확 밀려왔다. "이거 왜 이렇게 무거워" 하며 잡아당기는데, 가운 사이로 사람의 손목과 발목이 보이는 것이다. 누가 시체를 토막 내서 성가대 가운 속에 숨겨 놓은 줄 알았다. 놀란 가슴 쓸어내리고 자세히 보니 중학교 2학년 학생이 그곳에 숨어 있었다. 속이 터졌다.

"너는 왜 여기 숨어 있어."

"혼날까 봐요."

아이들은 자신들을 돌보기 위해 얼마나 많은 사람이 고생하는지에 대해서는 관심도 없었다. 무료로 밥 먹여주고, 무료로 에버랜드와 롯데월드 구경시켜 주고, 무료로 영화 보여 주고, 공부시켜 주는 것이 아이들에게는 당연한 것이었다. 감사할 줄도 몰랐다. 정말 밑 빠진 독에 물 붓는 느낌이었다.

아이들이 자신들을 돌봐준 교회 공부방에 대해 감사하는 날이 오기는 할까? 나는 이 아이들의 모습이 무척 궁금하다. 15년 전의 일이니까 그 개구쟁이들은 서른 살 가까이 되었을 것 같다.

어른이 된 지금 '아, 그때 그 공부방이 내 어린 시절을 위로해 주고 품어 주었던 엄마의 품이었구나'라고 생각하고 찾아와서 감사의 인사를 한다면, 그는 분명히 성공한 사람이 되었을 것이다. 그러나 이곳에서 지냈던 시간에 대해 감사하지 않고 기억조차 못 한다면 그는 어릴 때부터 시작되었던 인생의 불행을 극복하지 못하고 세상을 원망하며 광야 같은 인생을 살고 있을 것 같다.

명절 끝날에 아이들이 공부방을 한강으로 만들고, 그 귀한 쌀은 모두 물에 젖어 먹을 수 없게 만들어 놓고 난리 치던 날, 우리는 아

이들과 청소를 시작했고, 그 누구도 말이 없었다. 청소가 다 끝나
갈 무렵, 공부방 원장이 이런 말을 했다.

"마침 오늘이 수요일이라 교인들과 함께 치울 수 있어서 그나
마 다행이고 감사하네요."

나도 한마디 보탰다.

"그래, 어차피 도배 장판 다시 할까 했는데 잘됐어요. 지금 이렇
게 망가뜨린 것이 오히려 다행이에요. 새로 한 후에, 이 난리를 쳤
다면 얼마나 속상하겠어요?"

옆에 있던 한 집사님이 거들었다.

"지난주 설교에서 명절 때 파출부가 된 심정으로 섬기라고 하셨
는데, 목사님 설교대로 마지막까지 파출부합니다."

일이 이만하기 다행이었고 서로서로 도와서 함께 치울 수 있어
서 감사했다. 그러면서 마음은 조금씩 풀어지기 시작했다.

당연하다는 생각이 감사를 막는다

유월절 집사님이라는 분이 있다. 본명이 유월절이 아니라, 죽음
을 넘어서는 불행을 극복한 후에 이름을 유월절로 바꾼 것이다. 유
월절 집사님은 사고로 오른팔을 잃었다. 갑자기 오른팔을 잃어서
너무나 우울했고 죽고만 싶었다. 사람을 만나도 악수도 못 하고,
옷을 입어도 팔 없는 것이 표가 났다. 그래서 외출도 하지 않고 집

안에만 있었다.

오른손으로 하던 모든 것을 바꾸어야 했고, 왼손으로 살아가는 법을 배워야 했다. 태어나서 처음으로 글씨를 배우는 아이처럼 왼손으로 삐뚤빼뚤 쓰는 법을 배우기 시작했다. 왼손으로만 생활하려고 하니 불편한 점이 한두 가지가 아니었다. 두 팔 있는 사람이 그렇게 부러울 수가 없었다. 나도 사고만 나지 않았더라면, 두 팔만 있었더라면…….

그런데 팔 없는 유월절 집사님을 부러워하는 사람이 있었다. 바로 한쪽 다리가 없는 사람이다. 당뇨로 발이 썩어들어 가자 절단 수술을 받게 된 의사가 있었다. 하루아침에 목발을 짚고 살아야 하는 인생이 되었다. 이제는 뛰지도 못하고, 축구도 못하고, 계단도 마음대로 오르내릴 수 없게 되었다. 목발 짚고 살아야 하는 자기 인생이 너무 불쌍했다. 전 재산을 들여서라도 할 수만 있다면 건강한 다리를 갖고 싶었다.

그런데 한쪽 다리 없는 사람을 부러워하는 사람이 있었다. 척추를 다쳐서 두 다리를 쓸 수 없는 사람이다.

이 사람을 부러워하는 사람도 있었다. 목등뼈와 목뼈를 다쳐서 목을 가누는 것 외에는 사지를 전혀 쓸 수 없는 사람이다. 물론 이 사람을 부러워하는 사람도 있다. 의식불명인 채 식물인간으로 살아가고 있는 사람이다.

이들은 기적이 일어나기를 간절히 소원한다. 이들이 간절하게 소원하는 기적은 바로 우리처럼 걷고 말하는 것이다. 우리처럼 되는 것이 이들의 소원이다.

이들도 마음대로 걷고 뛰고 말하는 것을 당연하게 여기며 살았을 것이다. 어느 날 갑자기 더는 당연하지 않게 된 순간, 그 당연했던 것이 사실은 하나님의 은혜였음을 깨닫게 된다. 다시 하나님이 은혜를 베풀어 주셔서 예전처럼 걷고 말할 수 있도록 기적을 일으켜달라고 기도할 것이다. 당연한 것이 더는 당연하지 않을 때, 비로소 그때서야 깨닫게 된다.

'아, 그게 감사한 일이었구나!'

당연한 것이 아니다. 고마운 것이다. 남편이 성실하게 일하고 가정을 소중하게 여기며 사는 것이 당연한가? 당연한 것이 아니다. 감사한 일이다. 아내가 내조 잘하고 자식 잘 키우는 것이 당연한가? 아니다. 감사한 일이다.

부모가 자식을 위해 온갖 수고를 하는 것이 당연한가? 당연한 것이 아니다. 부모가 이혼해서 형제가 함께 살지 못하고 흩어지게 될 때, 당연한 것이 아니라 고맙고 감사한 일이었음을 깨닫게 될 것이다.

당연하다고 생각하는 순간 우리는 은혜를 잊어버린다. 은혜를 잊어버리는 순간 감사할 수가 없다. 곰곰이 생각해 보면 잊었던 감사를 하나하나 다시 찾아낼 수 있다.

"Think and Thanks!"라는 말이 있다. 생각하면 생각할수록 더 감사하게 된다는 의미다.

감사는 하나님의 숨은그림찾기

감사할 일 하나 없을 것 같은데 생각하고 생각하면 감사하지 않은 것이 없다. 그래서 싱크(think)하면 할수록 생크(thank)하게 되는 것 같다.

감사는 하나님의 숨은그림찾기다. 숨은 그림은 잘 보이지 않는다. 숨겨져 있기 때문이다. 하지만 자세히 보면 숨은 그림이 보이기 시작한다.

우리의 삶 속에는 하나님의 손길이 숨겨져 있다. 우리의 삶을 인도하시고, 우리의 인격을 빚으시고, 우리를 축복하시는 하나님의 손길이 숨겨져 있다. 우리가 조용히 우리 자신을 되돌아보기 시작하면 하나님의 은혜가 하나씩 살아나기 시작한다. 내 인생에 숨겨진 하나님의 은혜가 발견되기 시작한다. 그래서 감사는 하나님의 숨은그림찾기다.

바울 사도는 이렇게 말한다.

범사에 감사하라 이는 그리스도 예수 안에서 너희를 향하신 하나님

범사란 평범한 일을 의미한다. 평범한 일은 생활 속에서 일어나는 당연한 일들이다. 그러므로 범사에 감사하라는 말씀은 남들이 당연하게 생각하는 일 속에서 감사를 찾을 수 있는 사람이 되라는 것이다. 당연한 것들 속에 숨겨져 있는 하나님의 은혜를 볼 수 있는 눈이 열리기를 바란다.

창세기 1장 1절에 이렇게 기록되어 있다.

"태초에 하나님이 천지를 창조하시니라."

하나님을 믿지 않는 사람은 이 세상이 당연할 것이다. 그러나 그리스도인에게는 모두 감사한 일이다. 아침에 눈 뜨는 것이 당연한가? 감사한 일이다. 세끼 밥 먹는 것이 당연한가? 감사한 일이다. 믿지 않는 사람은 식사하기 전에 기도하지 않는다. 당연하기 때문이다. 자기 돈 내고 먹기 때문에 당연한 것이다.

그리스도인에게 이 모든 것은 하나님께서 주신 것이다. 하나님께서 건강을 주시고, 인생이라는 시간을 주시고, 영생을 주시고, 가정을 주시고 축복해 주셨다. 세상에 당연한 것은 없다. 모든 것이 하나님의 은혜다.

감사가 축복을 부른다

바벨론에서 포로 생활을 하던 다니엘에게 하나님께서 은혜를 베풀어 주셨다. 다니엘은 승승장구했다. 그가 다스리는 지역은 하나님께서 복을 주셔서 번창했다.

바벨론 왕의 총애를 입은 다니엘은 총리대신이 되었다. 그러자 바벨론 귀족들이 가만히 있지 않았다. 다니엘은 이스라엘에서 잡혀 온 포로다. 그런데 그 포로 된 자의 다스림을 받게 된 것이다. 바벨론 귀족들은 다니엘이 하는 모든 일에 대해 세무감사를 시작했고, 무슨 비리나 꼬투리를 잡아서 그를 옭아맬 생각을 했다. 그러나 아무리 털어도 먼지 하나 나오지 않는 것이다. 어떻게 해서든 다니엘을 끌어내려야 하는데 트집 잡을 거라고는 다니엘의 신앙밖에 없었다. 그래서 왕을 설득해서 한 달 동안 바벨론 왕 외의 어떤 신에게나 사람이 무엇을 구하면 사자굴에 던져 넣기로 한 조서를 공표하게 했다.

다니엘은 이 모든 것이 자기를 함정에 빠트리기 위한 교묘한 수작임을 알았고, 결코 그들의 기세에 눌리지 않았다.

다니엘이 이 조서에 왕의 도장이 찍힌 것을 알고도 자기 집에 돌아가서는 윗방에 올라가 예루살렘으로 향한 창문을 열고 전에 하던 대로 하루 세 번씩 무릎을 꿇고 기도하며 그의 하나님께 감사하였더라(단 6:10).

불행 중에 감사하면 불행이 끝나고, 축복 중에 감사하면 축복이 연장된다. 지금 다니엘은 감사할 처지가 아니다. 오히려 하나님이 원망스럽다. 입이 마르고 애가 탈 것이다. 반대파들이 다니엘을 파멸시키려고 왕의 조서까지 받아 놓았다. 그런데도 하나님께 엎드려 기도하며 감사한다. 이 감사가 축복을 불러온다. 아무것도 감사할 조건이 없어도 하나님께 감사하면 불행이 물러가고 축복이 임한다.

가난한 집 종수는 서울대학교 의과대학에 입학했다. 그의 소원은 의사가 되어서 돈을 벌면 어머니에게 따뜻한 내의 한 벌 사드리고, 어머니와 마주 앉아서 고기를 실컷 먹는 것이다. 의과대학을 졸업하고 서울대병원에서 첫 인턴 월급을 받았다. 월급을 받아들고 정육점 앞을 지나는데 마음이 설□다.

"고기 사서 어머니랑 구워 먹어야지. 아니야, 첫 월급이니까 한 푼도 쓰지 말고, 어머니 손에 쥐여 드리자. 그리고 어머니 손 잡고 백화점에 가서 내의 한 벌 사드리자."

이런저런 생각을 하면서 기쁜 마음으로 월급 봉투를 들고 어머니에게 달려갔다.

"어머니, 저 첫 월급 받았어요. 우리 불고기 먹으러 가요. 그리고 백화점에서 어머니 내의 한 벌 사드리고 싶어요."

"종수야, 기왕 믿을 바에 잘 믿자. 지금까지 하나님 은혜로 살았으니 앞으로도 그분의 은혜로 살게 될 거야. 타협하지 말고 깨끗하게 살자. 네가 처음 받은 첫 월급이니 첫 열매구나. 우리 것 아니다. 하나님 것이다. 하나님께 바치자.”

“어머니, 십일조만 하고 우리 불고기 먹어요.”

“아니다. 첫 열매는 우리 것 아니다. 종수야. 믿음대로 살자.”

주일날 어머니와 함께 교회에 가서 첫 열매를 주님께 드렸다. 15일 정도 지난 어느 날, 학장님께서 전국 의사고시에서 수석했다는 소식을 전해 주었다. 의사고시 수석 상금이 하나님께 믿음으로 바쳤던 첫 월급의 두 배나 되었다.

너무너무 기뻤다. 이 상금으로는 어머니에게 꼭 고기와 내복 사 드리고 싶었다. 들뜬 마음으로 어머니에게 달려갔다.

“어머니, 제가 전국 의사고시에서 1등을 했어요. 오늘 불고기 실컷 먹어봐요.”

어머니는 빙그레 웃으면서 봉투를 받아들고 이렇게 말씀하셨다.

”종수야, 너 상금 받아본 적 있니? “

“이번이 처음인데요.”

“첫 상금이니 첫 열매구나. 이거 하나님께 드리자. 주일까지 기다리면 너 시험 들고, 나 시험 들 수 있으니 내일 새벽예배 때 드리자.”

새벽에 일찍 일어나 교회에 가서 어머니와 함께 예물을 드렸다. 이 이야기의 주인공은 미국에서 암 전문의로 유명한 원종수 박사다.

감사는 축복을 불러온다. 불평하면 저주가 "나를 부르는구나" 하면서 달려온다. 감사하는 생활을 하자. 그러면 축복이 "나를 부르는구나" 하고 달려올 것이다. 매일매일 이렇게 선포하자.

"내 인생이 감사하다. 내 몸이 감사하다. 살고 있는 우리 집이 감사하다. 좁은 집도 감사하다. 전세방도 감사하다. 좀 부족해도 감사하다. 내 직장도 감사하다. 내 배우자도 감사하다. 내 자녀도 감사하다. 내 부모님도 감사하다. 우리 교회도 감사하다. 내 이웃도 감사하다. 이 세상이 모두 감사하다."

더 감사하고 자주 감사하면 점점 더 좋아지고 회복되는 은혜의 역사가 시작될 것이다.

배움이 아주 짧은 어느 유대인 어머니가 있었다. 그런데 자식들을 아주 훌륭하게 길렀다. 사람들이 그 어머니에게 양육 비결을 물었을 때, 세 가지 비결을 가르쳐 주었다.

1. 모든 일에 감사하라.

   작은 일과 큰일에 모두 감사하는 사람이 되어야 한다.

2. 원망하는 사람과는 놀지 마라.

   불평불만은 되는 일이 없게 만드는 지름길이다.

3. 감사하는 사람과 친하게 지내라.

   감사할 줄 아는 사람은 영의 축복을 받은 사람이다.

10

절망 속에 다가온 축복의 손길

자기 자신은 광야로 들어가 하룻길쯤 가서 한 로뎀 나무 아래에 앉아서 자기가 죽기를 원하여 이르되 여호와여 넉넉하오니 지금 내 생명을 거두시옵소서 나는 내 조상들보다 낫지 못하니이다 하고 로뎀 나무 아래에 누워 자더니 천사가 그를 어루만지며 그에게 이르되 일어나서 먹으라 하는지라(열왕기상 19장 4-5절).

슬럼프는 내 안에 있는 함정이다

어떤 주부가 이런 고백을 했다.

갑자기 사는 것이 재미없고, 아무것도 하기 싫고, 내가 왜 사는지도 모를 때가 있습니다. 오래전에 심한 우울증이 찾아와서 하루하루가 정말 지옥 같았습니다. 그때 아이들이 초등학교에 다녔는데 아이들 학교에 가고, 남편 출근하면 커튼 치고 종일 방에 마냥 누워 있었습니다. 그때 나를 괴롭힌 감정은 무력감이었습니다. 아무것도 하기 싫은 마음, 하고 싶은 일이 아무것도 없는 마음, 마냥 깊은 수렁으로 빠져드는 느낌이었습니다. 그때 잠깐 이런 생각이 들었습니다.

'아, 이래서 사람들이 자살을 하는구나.'

그냥 죽고 싶다는 마음뿐이었습니다. 밤에 자리에 누우면 아침이 오는 것이 두려웠습니다.

깊은 슬럼프에 빠진 엘리야

엘리야는 불의 선지자다. 갈멜 산에서 하나님께 기도하자 불이 내려와 제물을 모조리 태워 버렸다. 이스라엘 백성 앞에서 하나님의 살아 계심을 보여 주었다. 그리고 바알 선지자와 아세라 선지자 850명을 죽였다. 엘리야의 인기가 하늘을 치솟았다. 이 소식을 이스라엘의 왕후 이세벨이 들었다. 그녀는 엘리야에게 사자를 보내서 선포한다.

"내가 24시간 이내에 너를 죽이지 않으면 내가 죽어도 좋다."

너무 무서운 말이다. 그것도 왕비가 하는 말이니 얼마나 두렵겠는가. 이 이야기를 들은 엘리야는 두려워서 발이 부르트고 무릎이 깨지도록 도망갔다.

광야 한복판 로뎀 나무 아래 몸을 숨겼다. 두려움이 몰려왔다. 스치는 바람 소리에도 깜짝깜짝 놀랐다. 밥맛은 뚝 떨어지고, 몸은 천근만근이고, 삶의 모든 의욕이 사라져 버렸다. 하나님께 이 기도 밖에 할 수 없었다.

광야에서 이스라엘 백성이 원망할 때 모세도 이와 비슷한 경험을 했다.

"어찌하여 하나님께서는 저를 이렇게도 괴롭게 하십니까? 어찌하여 이 모든 백성을 저에게 짊어지우십니까? 이 모든 백성을 제가 배기라도 했습니까? 제가 그들을 낳기라도 했습니까? 어찌하여 저더러 그들을 품에 품고 가라고 하십니까? 저 혼자서는 도저히 이 모든 백성을 짊어질 수 없습니다. 저에게는 너무 무겁습니다. 하나님께서 저에게 정말로 이렇게 하셔야 한다면, 제발 저를 죽이셔서 제가 이 곤경을 당하지 않게 해주십시오"(민 11:11-12).

모세도 엘리야도 깊은 슬럼프에 빠져 버렸다. 지금 엘리야의 심정이 이해되는가? 날개 꺾인 새처럼 깊은 절망 속에 외로이 홀로 남아 있는 사람이 있는가? 갑자기 사는 게 시들해지고, 아무것도 하기 싫고, 내가 왜 사는지도 모르겠고, 모든 것을 내려놓고 싶은 사람이 있는가?

깊은 슬럼프에 빠진 엘리야가 하나님께 이렇게 하소연한다.

> 나는 이제까지 주 만군의 하나님만 열정적으로 섬겼습니다. 그러나 이스라엘 자손은 예언자들을 칼로 쳐서 죽였습니다. 이제 나만 홀로 남아 있는데, 그들은 내 목숨마저도 없애려고 찾고 있습니다(왕상 19:10 새번역).

엘리야에게 절망의 감정이 홍수가 되어 밀려왔다. 두려움이 밀려오고, 더는 어찌할 수 없고 이제는 끝이라는 감정에 휩싸여 버렸다.

슬럼프에 빠지면 문제가 너무 커 보인다

> 오직 나만 남았거늘 그들이 내 생명을 찾아 빼앗으려 하나이다(왕상 19:10).

엘리야는 '모든 사람이 나를 반대하고 있다'고 생각했다. 하지만 그렇지 않았다. 모든 사람이 그를 반대하고 있지는 않았다. 오직 한 사람, 이세벨 왕후만 강렬하게 그를 반대하고 있을 뿐이다.

가만히 생각해 보면 이세벨의 위협은 사실 별거 아니다. 물론 이세벨이 사신을 보내 "내가 내일 이맘때에는 반드시 네 생명을 저 사람들 중 한 사람의 생명과 같게 하리라"(왕상 19:2)고 위협한 것은 사실이다. 죽이겠다는 것이다. 그뿐만 아니라 너를 죽이지 못하면 내가 죽어도 좋다고까지 했다.

그러나 이세벨이 참으로 엘리야를 죽이기로 작정했다면, 그에게 사신을 보낼 필요가 있겠는가. 사신이 아니라 자객을 보냈어야 했다. 이세벨은 직접 엘리야를 죽이는 것이 꽤 부담스러웠다.

이세벨은 엘리야의 영향력을 잘 알고 있었다. 만일 엘리야를 죽이면 분명 그는 순교자가 될 것이고, 그러면 민심이 권력을 흔들 것이다. 왜냐하면, 갈멜 산에서 엘리야가 백성 앞에서 바알 선지자와 아세라 선지자 850명을 쳐 죽였기 때문이다. 그때 엘리야를 지지했던 백성들이 있었다. 엘리야를 죽이면 분명 그들이 들고 일어날 것이다.

이세벨은 엘리야를 협박해서 스스로 죽게 하고 싶었다. 이세벨이 엘리야를 광야로 내몬 것은 자기 손에 피를 묻히지 않으려는 것이다. 이세벨은 모든 백성 앞에서 엘리야를 겁쟁이로 만들고 싶었다. 백성들이 엘리야에게 걸었던 모든 기대와 소망이 허물어지기를 바란 것이다.

사실 하나님 앞에 엘리야만 유일하게 남아 있는 신실한 사람은 아니었다. 아직도 바알에게 무릎 꿇지 아니한 7천 명의 선지자들이 있었다(18절). 엘리야는 문제를 과장하였고, 그 과장이 그의 슬럼프를 더욱 악화시킨 것이다.

정작 두려움의 대상은 눈에 보이는 이세벨이 아니라 엘리야 마음에 있는 보이지 않는 두려움이다. 슬럼프에 빠지면 자기가 빠질 마음의 함정을 더 깊게 파기 마련이다.

슬럼프에 빠지면 자신이 너무 초라해 보인다

여호와여 넉넉하오니 지금 내 생명을 거두시옵소서 나는 내 조상들보다 낫지 못하니이다(왕상 19:4).

자기는 바보 같은 선지자라는 것이다. 우리가 슬럼프에 빠지면 나는 너무 초라하고 다른 사람은 잘나 보일 수 있다. 다른 사람과 나를 비교해서는 안 된다. 우리는 외모를 비교하고, 학력을 비교하고, 아파트 평수를 비교하고 자녀를 비교한다. 비교하면 할수록 자신만 초라해질 뿐이다. 자신이 무능해 보이고, 형편없어 보인다. 그리고는 이내 자신감을 상실하고, 자신의 처지를 비관하며 깊은 슬럼프의 수렁에 빠지는 것이다.

사실 우리는 비교할 필요가 없다. 우리 하나하나는 비교될 수 없는 유일한 존재이고 절대적으로 소중한 존재이기 때문이다.

자신을 남들과 비교하면 함정에 빠질 수밖에 없다. 다른 사람과 나를 비교할 때, 나는 이미 내 약점에 사로잡혀 있다. 나의 약점에 집중하면서 다른 사람의 장점과 비교한다. 남은 더욱더 커 보이고, 상대적으로 나는 더욱더 초라해 보인다. 바로 이것이 비교의 허점이다. 마귀는 비교에 많은 기대를 할 것이다.

저 사람은 공부 잘하는 게 장점이고, 나는 성격 좋고 대인관계가 좋은 것이 장점이다. 비교하려면 장점끼리 비교해야 한다.

《이솝 우화》에 토끼와 거북이가 달리기 경주하는 이야기가 나온다. 이 경주는 애초부터 말이 안 되는 것이다. 바다에 사는 거북이와 육지에 사는 토끼가 경주하려면, 거북이는 저 섬까지 다녀오고, 토끼는 저 산꼭대기까지 다녀오는 경주를 해야 한다. 거북이 장점과 토끼 장점을 비교해야지, 거북이 단점과 토끼 장점을 비교해서는 안 된다.

슬럼프에 빠지면 자꾸 안 좋은 쪽으로만 생각하게 되고, 절망적인 감정에 사로잡히게 된다. 고통에서 탈출하는 유일한 방법은 이 세상을 떠나는 것밖에 없다는 극단적인 생각을 하기도 한다.

노벨 문학상을 받은 미국의 세계적인 소설가 어니스트 헤밍웨이는 다음과 같은 유서를 써 놓고 스스로 목숨을 끊었다.

"나는 전기의 흐름이 그치고 필라멘트가 끊어진 전구처럼 심히

고독하다.”

앞에 우울증에 빠졌던 주부는 이런 고백을 했다.

“내가 만약 그때 어리석은 선택을 했더라면 지금 나는 이 자리에 없을 것입니다. 남겨진 가족들은 평생 아픔을 짊어지고 살아야 했을 것입니다. 그렇습니다. 세상에 잊을 수 없는 슬픔이나 견딜 수 없는 아픔은 없습니다. 그리고 끝나지 않는 시련은 없습니다. 지금 어디선가 홀로 인생의 어두운 터널을 지나가는분들에게 말해주고 싶습니다. 이 또한 지나가리라.”

“이 또한 지나가리라(This too shall pass away).”

이 말은 탈무드에 나오는 이야기다.

어느 날 다윗 왕이 왕궁의 보석 세공인을 불러 반지를 만들라고 지시했다. 그리고 반지에 전쟁에서 승리할 때 교만(驕慢)하지 않고, 큰 절망에 빠져 있을 때 낙심하지 않게 하는 글귀를 새겨 넣으라고 명령했다.

왕의 명령을 받은 보석 세공인은 아름다운 반지를 만들었지만, 정작 새길 글귀는 떠오르지 않아서 곤욕스러웠다. 그래서 지혜롭기로 소문난 솔로몬 왕자를 찾아가 도움을 청했다. 솔로몬 왕자는 보석 세공인에게 다음과 같은 글귀를 새겨 넣으라고 조언하였다. 바로 “이 또한 지나가리라” 이다.

이 또한 지나갈 것이다. 슬프고 괴롭고 고통스러운 순간도 모두 지나갈 것이다.

나는 너무 힘들고 고통스러울 때 이렇게 고백한다.

'하나님이 이것도 지나가게 하실 거야. 이보다 더 힘든 일도 다 지나가게 하셨잖아. 이것도 지나가게 하실 거야.'

우리는 어떤 감정에 휩싸여 있을 때 중요한 결정을 하면 안 된다. 홧김에 사표도 내고, 홧김에 이혼도 하고, 홧김에 교회도 옮긴다. 홧김에 하는 모든 것은 후회로 남을 뿐이다.

감정은 지나가는 것이다. 산에는 안개가 끼기도 하고, 구름이 덮이기도 하고, 번개가 번쩍이고 천둥이 치기도 한다. 그러나 다 지나갈 것이다.

살다 보면, 인생에 안개가 낀 것처럼 전혀 앞이 안 보일 때도 있고, 주룩주룩 장맛비 내리 듯이 흐르는 눈물을 주체하지 못할 때도 있다. 천둥과 번개가 치는 것처럼, 욱하는 분노가 치밀어 올라와 모든 것을 다 때려 부수고 싶은 충동이 일 때도 있다. 이런 감정은 다 지나간다. 이 감정은 '내'가 아니다. 나는 산이다. 천둥과 번개는 지나가는 감정일 뿐이요, 산에 뿌려지는 비바람은 꽃을 피우고 새가 울게 하는 소중한 시련일 뿐이다.

여러분은 지금 어떤 슬럼프에 빠져 있는가?

회복의 은혜

엘리야가 축 늘어져 로뎀 나무 아래 잠들어 있을 때 하나님이 천사를 보내셨다. 천사가 엘리야를 어루만져 주었다. 지쳐 있는 엘리야를 향한 하나님의 첫 번째 사랑은 어루만져 주시는 손길이다. 지쳐 있던 엘리야에게 천사가 속삭인다.

"일어나서 먹으라."

내 인생에도 수많은 절망이 있었다. 개척한 교회가 7~8년이 지나면서 막 미자립 교회를 벗어났고 한참 성장하고 있을 때였다. 그런데 갑자기 여선교회 회장과 총무가 찾아오더니 교회를 떠나겠다는 것이다. 가장 열심이던 집사들이었다.

"꼭 떠나야 하나요? 우리 교회 5년, 7년 다녔으면 교회 주인인데 왜 떠나려고 해요. 목사가 부족하면 제가 떠나야지, 왜 떠나려고 하세요."

붙들고 애원했다. 그들이 떠나는 이유는 큰 교회에서 훈련받고 싶기 때문이라는 것이다. 앞으로 송 목사님과 사모님처럼 좋은 사람 만나기 쉽지 않다는 것 잘 알고 있지만, 영적으로 갈급해서 떠난다는 것이다. 집으로 심방 가서 떠나지 말라고 붙잡았다. 이래도 마음이 바뀌지 않고, 저래도 마음이 바뀌지 않아서 마지막 애원을 했다.

"지금 8월인데, 회장 총무 임기나 끝나고 가면 안 될까요?"

이 부탁마저 거절당하고 쓸쓸하게 집으로 돌아오는데, 내 자신이 너무나 초라하고 비참했다.

'나는 이 정도밖에 안 되나. 내 리더십, 내 영적 능력이 이 정도밖에 안 되나. 충성스러운 교인들 다 놓치고 어떻게 목회하나.'

내가 참 바보 같고 실망스러웠다. 밥맛도 없고 잠도 못 자고 꿈을 꾸면 악몽에 시달렸다. 설교 준비하려고 책상에 앉으면 한숨만 나왔다. 모든 것이 싫었다. 설교 준비도 안 되고 해서, 교회 옥상으로 바람 쐬려 올라갔다.

'아, 나는 이 정도밖에 안 되는 걸까? 바보 같고 무능력한 내가 너무 싫다.'

마음이 그야말로 천근만근이었다. 그때 하나님께서 말씀하셨다.

"규의야, 나는 네가 참 좋다."

하나님의 한마디 말씀에 하염없이 눈물이 났다. 나 자신에게 실망하고, 내가 이렇게 싫은데, 그런 나를 하나님 아버지가 좋다고 하시며 내 마음을 어루만져 주셨다.

"규의야, 나는 네가 참 좋다."

깊은 절망 가운데 있을 때, 자기 자신에게 실망했을 때마다 주님이 찾아와서 하시는 말씀이다.

"규의야, 나는 네가 참 좋다."

내가 내 혈기에 무너지고, 자학하고 있을 때도 주님은 찾아와서 말씀하신다.

"규의야, 나는 네가 참 좋다."

주님의 헤아릴 수 없는 위로를 받고 다시 일어날 수 있었다. 인생이 쉬운 사람이 몇이나 있겠는가. 하나님은 절대로 우리의 눈물이 눈물로 끝나지 않게 하신다. 인생이 비록 초라하고 보잘것없게 느껴질지라도 예수님의 이름을 부르는 자는 다시 일어서게 하신다. 하나님께서 회복시켜 주신다.

엘리야를 어루만진 손길은 천사의 손길이었다. 하나님은 천사의 손길을 통해 절망 속에 있는 엘리야를 어루만지셨다. 우리 모두 천사의 손길이 되었으면 좋겠다. 어루만져 주고 안아주고 위로해 주는 천사의 손길이 되기를 간절히 바란다.

내 인생에서 가장 좋은 일은 아직 오지 않았다. 날마다 우리 주님의 은혜를

기대하면서 가슴 두근거리는 하루를 살아보자.

가장 아름다운 바다는

아직 건너지 않았다.

가장 아름다운 아이는

아직 태어나지 않았다.

우리의 가장 아름다운 날들은

아직 살아보지 못한 날들이다.

그리고 당신에게 해주고 싶은 가장 아름다운 말은

아직 내가 하지 못한 말이다.

_나짐 히크멧, 〈파라예를 위한 저녁 9시에서 10시의 시 : 1945년 9월 24일〉

11

축복은 마음의 그릇에 담긴다

선지자의 제자들의 아내 중의 한 여인이 엘리사에게 부르짖어 이르
되 당신의 종 나의 남편이 이미 죽었는데 당신의 종이 여호와를 경
외한 줄은 당신이 아시는 바니이다 이제 빚 준 사람이 와서 나의 두
아이를 데려가 그의 종을 삼고자 하나이다 하니 엘리사가 그에게 이
르되 내가 너를 위하여 어떻게 하랴 네 집에 무엇이 있는지 내게 말
하라.그가 이르되 계집종의 집에 기름 한 그릇 외에는 아무것도 없
나이다 하니 이르되 너는 밖에 나가서 모든 이웃에게 그릇을 빌리라
빈 그릇을 빌리되 조금 빌리지 말고 너는 네 두 아들과 함께 들어가
서 문을 닫고 그 모든 그릇에 기름을 부어서 차는 대로 옮겨 놓으라
하니라(열왕기하 4장 1-4절).

갑자기 불어 닥친 고난

엘리사가 운영하는 선지자 학교가 있었다. 선지자 수련생들이 합숙하며 훈련을 받는 학교인데, 가난하기 그지없었다. 때마침 흉년까지 들어서 먹을 양식이 떨어졌다. 엘리사가 종에게 큰 솥단지를 걸어 수련생들이 먹을 죽을 끓이라고 했다.

그런데 넣고 끓일 음식 재료가 아무것도 없어서 한 수련생이 나물이라도 캐서 넣으려고 들로 나갔다. 마침 야생 포도 덩굴을 발견하고, 신이 나서 옷에 가득 담아서 돌아왔다. 먹을 만한 것처럼 보였지만, 그것이 무엇인지 잘 몰랐다. 푹 끓이면 먹겠거니 한 것이다. 식사 시간에 수련생들이 굶주린 배를 채우려고 죽 한 그릇씩을 먹었다. 그런데 먹은 사람들이 토하고 난리가 났다. 엘리사가 밀가루를 가져다가 솥에 뿌리자 독성이 사라지긴 했지만, 사는 게 사는 것이 아니었다.

그러던 어느 날 선지자 수련생 중 하나가 죽었다. 아마도 못 먹어서 죽었을 것이다. 아니면 독성 있는 나물을 먹고 죽었을지도 모르겠다. 이 선지자 수련생에게는 아내와 두 아들이 있었다. 수련생이야 경건하게 하나님 배우다가 하나님 곁으로 갔으니 행복하겠지만, 남은 가족들은 걱정이 태산이다. 선지자의 생도였으니 벌어놓은 돈도 없었다.

아내와 자식들이 빚으로 근근이 버티며 살던 어느 날 빚쟁이

들이 몰려왔다. 빚을 갚지 못하면 두 아들을 종으로 데려가겠다
는 최후통첩을 했다. 죽은 수련생의 아내가 엘리사 선지자를 찾
아왔다.

"선지자님, 제 남편은 하나님밖에 모르는 사람이었습니다. 우리
세 식구는 그동안 빚으로 살았습니다. 엘리사 선지자님, 이 일을
어쩌면 좋습니까. 빚을 갚지 않으면 두 아들을 종으로 끌고 가겠다
고 합니다. 저는 남편도 잃고 두 아들까지 빼앗기게 되었습니다."

여인의 말 속에 원망이 서려 있다.

"내 남편이 하나님밖에 모르고 산 결과가 결국 이것이란 말입니
까? 선지자님을 충실하게 따른 결과가 결국 이것인가요?"

엘리사도 참 난감하다. 여인에게 되묻는다.

"내가 어떻게 하면 도움이 되겠는지 알려 주시오. 집에 무엇이
있소?"

"아무것도 없어요. 기름 한 병 말고는 정말 아무것도 없습니다."

"아 그래요. 그러면 이웃 사람들에게 빈 그릇을 빌려 오시오. 되
도록 많이 빌려 와서 두 아들을 데리고 집으로 들어가 문을 닫고,
모든 그릇에 기름을 부어 보세요."

여인은 선지자라는 사람이 도대체 무슨 말을 하는지 의아했다.
마음에 의심이 생겼을 것이다. 하지만 지체 높은 엘리사 선지자가
시키는 일이기 때문에 순종할 수밖에 없었다. 두 아들에게 이웃집

에서 그릇을 빌려오라고 했다. 그리고 여인은 빌려온 그릇에 기름을 붓기 시작했다.

첫 그릇에 기름을 부을 때는 한 그릇도 채우지 못할 것만 같았다. 그런데 따르면 나오고 따르면 또 나오는 것이다. 온 가족이 신이 났다. 방 안에 있는 모든 그릇에 기름을 채우고 또 채웠다. 그릇마다 가득 채우고 마지막 그릇을 채우면서 여인이 아들들에게 물었다.

"그릇이 더 없니?"

"이 그릇이 마지막이에요."

마지막 그릇을 채우자 기름은 더 이상 나오지 않았다. 여인은 신이 나서 구름 위를 걷는 것처럼 흥분해서 엘리사 선지자에게 갔다.

"엘리사 선지자님, 그 많은 그릇을 다 채울 때까지 계속 기름이 나왔어요."

"그래요, 그러면 기름을 팔아 빚을 갚고, 나머지는 생활비로 쓰도록 하세요."

그릇이 기적을 담는다

이 말씀을 묵상하면서 '그릇이 기적을 담는구나. 축복을 담는 것이 그릇이구나'라는 사실이 깨달아졌다.

두 아들이 준비한 그릇에 기름이 모두 채워지자, 기적도 축복도 멈추었다. 그릇이 없으면 축복은 멈추게 된다. 인격의 그릇도 마찬가지다.

어느 날 요셉은 신비한 꿈을 꾸었다. 기분이 좋은 요셉은 형들에게 자랑하듯 말한다.

"내가 꾼 꿈을 한 번 들어 보세요. 우리가 밭에서 곡식 단을 묶고 있었습니다. 그런데 갑자기 내가 묶은 단이 우뚝 일어서고, 형들의 단이 나의 단을 둘러서서 절하는 거예요"(창 37:6-7).

이 이야기를 들은 형들은 부아가 났다.

"네가 우리의 왕이라도 될 성싶으냐? 정말로 네가 우리를 다스릴 참이냐?"

얼마 후에 요셉은 또 다른 꿈을 꾸었다.

"형들 들어 보셔요. 또 꿈을 꾸었어요. 이번에는 해와 달과 별 열한 개가 나에게 절을 했어요."

꿈을 들은 형들의 안색이 변했고, 아버지 야곱도 요셉을 꾸짖는다.

"네가 꾼 그 꿈이 무엇이냐? 그래, 나와 네 어머니와 네 형들이 참으로 땅에 엎드려 네게 절을 하겠느냐?"

요셉의 꿈은 그가 존경받는 사람, 아주 큰 그릇이 될 거라는 꿈이었다. 그런데 꿈을 꾼 열일곱 살의 요셉은 그다지 큰 그릇이 아니었다. 아주 철없는 사춘기 소년이었을 뿐이다. 형들이 아버지를 속이면 곧장 달려가 고자질하는 바람에 형들이 아버지에게 혼난 적이 한두 번 아니었다. 그러니 요셉은 평소에도 형들에게 미운털이 박혀 있었다.

꿈 이야기만 해도 그렇다. 처음 꾼 꿈을 형들에게 말했을 때, 형들이 "네가 우리의 왕이라도 될 성싶으냐?" 화내고 혼내는 것을 겪었으면, 두 번째 꾼 꿈은 마음속으로 간직할 일이다. 굳이 형들 앞에서 자랑해서 분노를 살 필요가 있겠는가.

요셉은 남을 배려할 만한 그릇이 아니었다. 다른 사람의 기분과 감정을 헤아릴 줄 아는 인격이 아니었다. 그런데 요셉이 겪어야 했던 수많은 시련과 고통이 요셉을 만들어가기 시작했다.

이집트에 노예로 팔려간 요셉이 보디발 집에서 신임을 받아 가정 총무가 되었다. 꽃미남인 요셉을 보디발 아내가 날마다 유혹했다. 그때마다 요셉은 상황을 모면했고 거절했다.

"내가 어찌 이런 나쁜 일을 저질러서 하나님을 거역하겠습니까?"

그러던 어느 날 집 안에 아무도 없을 때, 보디발의 아내가 기회를 놓치지 않았다. 요셉의 옷을 붙잡고 놓아주지 않았다. 그래서 요셉은 겉옷을 벗어놓고 도망쳐 나왔다. 당황한 보디발의 아내가 소리소리 지르며 요셉이 자기를 겁탈하려다가 겉옷을 버려두고 도망갔다고 누명을 씌었다. 요셉은 어떤 변명도 하지 않았다. 보디발에게 사실관계조차 말하지 않았다. 결국 누명을 쓰고 감옥에 갇히게 되었다. 하나님은 요셉을 노예 생활과 감옥 생활을 통해 총리대신이 될 만한 그릇으로 빚어가셨다.

시련과 고통 속에서 준비된 그릇

고자질쟁이, 잘난 척 쟁이 요셉이 얼마나 큰 그릇으로 바뀌었는지 볼 수 있는 대목은 창세기 50장 19-21절 말씀이다. 요셉이 두려워하는 형들에게 이렇게 말한다.

두려워하지 마소서 내가 하나님을 대신하리이까 당신들은 나를 해하려 하였으나 하나님은 그것을 선으로 바꾸사 오늘과 같이 많은 백성의 생명을 구원하게 하시려 하셨나니 당신들은 두려워하지 마소서 내가 당신들과 당신들의 자녀를 기르리이다.

요셉의 인생에서 노예로 팔려간 것이 오히려 잘된 일이었다. 누명을 쓰고 감옥에 간 것이 오히려 잘된 일이었다. 노예로 팔리고 옥에 갇힌 것은 불행이지만, 요셉에게는 오히려 축복이 되었다.

노예로 팔려갔기 때문에 당시 천하를 디스리던 이집트에 갈 수 있었고, 누명을 쓰고 왕궁 감옥에 갇혔기 때문에 옥살이하는 정치인들과 친분을 쌓을 수 있었다. 그러나 이것 때문에 잘된 것은 아니다. 요셉이 겪은 불행이 오히려 잘된 이유는 불행 속에서 요셉이 큰 그릇으로 빚어졌다는 데 있다.

도가니는 은을, 풀무는 금을 연단하거니와 여호와는 마음을 연단하
시느니라(잠 17:3).

요셉은 모든 환경 속에 하나님의 손길이 있음을 믿었다. 형들이 자신을 종으로 팔았지만, 하나님께서 형들을 통해 자신을 이집트로 보냈다고 믿었다.

그런즉 나를 이리로 보낸 이는 당신들이 아니요 하나님이시라
(창 45:8).

얼마나 놀라운 고백인가. 안타깝게도 대부분의 사람은 불행을 만나면 인생이 파괴되고 만다. 자신의 처지를 한탄하고, 자신을 고통 속으로 밀어 넣은 사람을 원망하고 증오한다. 요셉이 만약 형들에 대한 원망과 복수심에 불타 있었다면, 인격의 그릇을 준비할 수 없었을 것이고, 이집트의 총리가 되는 복을 받지 못했을 것이다. 축복은 인격의 그릇에 담기기 때문이다.

요셉의 축복과 형통은 하루아침에 된 것이 아니다. 정말 오랫동

안 겪어야 했던 시련과 고통을 통과하면서 만들어진 것이다. 하나님은 요셉이 총리대신이 될 만한 인격의 그릇을 시련과 고통 속에서 준비하셨다.

마음이 상하면 자신이 보이지 않고 다른 사람만 보인다. 자기 허물은 보이지 않고 다른 사람의 허물만 보인다.

나는 교회에 어려움이 생기면 무조건 엎드린다. 엎드릴 수밖에 없다. 아무리 어려운 문제도 하나님께 엎드려 기도하면 풀렸다. 언제나 그랬다.

약대교회에 부임해서 지금까지 8년째 매년 사순절이 되면 이불을 싸 들고 성전으로 간다. 사순절 동안 텅 빈 예배당에서 잠을 자면서 엎드려 기도한다.

"하나님, 하나님께서 저를 있는 그대로 받아 주신 것처럼, 저도 교인 한 분 한 분을 있는 그대로 인정하고 존중하게 해주세요. 저를 좋아하고 힘이 되어주는 교인들만 사랑하지 않고, 저를 힘들게 하는 교인들도 이해하고 사랑할 수 있도록 해주세요."

대부분의 교인들은 예배드릴 때 각자 앉는 자리가 정해져 있다. 제단에서 회중석을 바라보면 한 분 한 분이 떠오른다. 그분들을 마음에 떠올리면서 기도하다 잠이 든다.

기도하면서 깨달았다. 목회가 힘든 것은 교인들의 문제가 아니라 내 문제였음을. 천 명이 넘는 교인을 담기에는 내 마음의 그릇이 작았다. 더 온유할 필요가 있었고, 더 겸손할 필요가 있었다. 생각이 더 깊어질 필요가 있었고, 마음이 더 넓어질 필요가 있었다.

요즘은 교회가 정말 평안하다. 중직 회의를 해도 큰소리 나지 않고 은혜로 진행된다. 교회에 아무 문제가 없다. 마음 놓고 은혜받고, 마음 놓고 신앙생활 하는 일만 남았다. 만약 내 인격의 그릇을 고통스러웠던 시절에 빚어내지 못했다면, 지금도 여전히 교회에 분란이 많을 것이고 나는 끊임없이 다른 사람만 탓하고 있었을 것이다.

고난의 때는 간장 종지만 한 마음의 그릇을 깨뜨리고 좀 더 큰 그릇으로 변화될 수 있는 기회다. 축복은 마음의 그릇에 담긴다. 마음의 그릇을 넓히지 않으면 하나님께서 복을 쏟아부어 주셔도 모두 쏟아버리고 만다.

여러분의 마음 그릇은 어느 정도인가? 간장 종지, 밥공기, 냉면 그릇, 세숫대야, 가마솥인가?

바울 사도는 우리를 그릇에 비유하면서 이렇게 말했다.

질그릇에도 보배가 담긴다

우리가 이 보배를 질그릇에 가졌으니 이는 심히 큰 능력은 하나님께 있고 우리에게 있지 아니함을 알게 하려 함이라(고후 4:7).

질그릇은 보잘것없는 그릇이다. 이 질그릇에 내 욕심, 내 고집, 내 성질이 담겨져 있다. 이 좋은 세상에서 불행하게 사는 것은 질그릇 안에 엉뚱한 것을 담고 있기 때문이다. 내 욕심, 내 성질, 내 고집을 담고 살기 때문이다. 내 욕심대로 내 마음대로 하고 사는 것이 잘사는 것인 양 착각하고 산다.

내 사촌 중에 나와 같은 연배의 형제가 있었다. 어느 날 연락이 왔는데 간경화 진단을 받고 중환자실에 입원했다는 것이다. 아직 젊은 나이인데 병원에서는 가망이 없다고 했다. 병문안을 가서 물었다.

"넌 지금까지 살아오면서 언제 가장 행복했니?"

한참을 생각하더니 이렇게 말했다.

"아무리 생각해도 행복했던 기억이 없어. 난 한 번도 행복한 적이 없었던 것 같아."

그러면서 하염없이 눈물을 흘렸다. 그리고는 얼마 후에 세상을 떠났다. 장례식에 갔는데 초등학교 1학년 아들이 상주였다. 어린 상주는 담배에 불을 붙여 향로에 놓아 두었는데, 다 타면 다시 붙여 놓았다. 아이 아버지가 세상을 떠나면서 "담배 한 대 피우고 싶다"는 마지막 말 때문이었다. 사연을 듣고 마음이 많이 아팠다.

사촌은 하고 싶은 대로 하면서 살았다. 술 마시고 싶으면 마시고, 담배 피우고 싶으면 피우고, 고스톱 치고 싶으면 고스톱을 쳤다. 집에서는 아내 위에 군림하면서 자기 맘대로 하고 살았다. 그런데 세상을 떠나면서는 이런 고백을 했다.

"난 행복한 적이 한 번도 없었던 것 같아."

내 마음대로 하고 살았으면 행복해야 하지 않는가. 행복은 내 마음대로 하고 사는 것에 있지 않다. 사촌은 마음의 주인을 잘못 만나 마흔이라는 아까운 나이에 세상을 떠났다.

마음의 주인은 내가 아니라 예수님이어야 살길이 생긴다. 예수님이 우리 마음에 담기면 질그릇 같은 인생도 보배를 담는 보석함이 된다.

행복도 마음의 그릇에 담긴다. 마음의 그릇 크기가 행복의 크기인 것을 아는가? 행복은 월급봉투 액수가 아니다. 아파트 평수가 아니다. 행복은 마음의 그릇 크기다.

세상에 가장 불행한 사람이 1이고 가장 행복한 사람이 100이라면, 여러분의 행복 점수는 몇 점 정도인가? 행복 점수가 20점이라면 마음의 그릇 크기가 20이다. 행복 점수가 50점이라면 마음의 그릇이 50이고, 80점이라면 마음의 그릇 크기가 80이다. 행복은 마음의 그릇 크기와 비례한다. 행복은 관계 안에 있기 때문이다.

여러분의 가정은 행복한가? 좋은 집에 살기 때문도 아니고, 자식들이 잘 자라서도 아니다. 부부 관계가 좋아서 행복하고 자녀와의 관계가 좋아서 행복한 것이다. 직장 생활이 행복한가? 직장 동료들과의 관계가 좋아서 행복한 것이다. 신앙생활이 행복한 것도 교인들과 사랑하며 교제를 나누기 때문이다.

행복은 관계 안에 있다. 이 관계를 좌지우지하는 것이 마음의 그릇이다. 마음의 그릇이 작은 사람은 관계가 좋지 않다. 작은 일로 오해하고 토라지고 시험에 든다. 마음의 그릇이 넓은 사람은 관계도 좋다. 마음의 그릇이 넓어서 다 덮어주고 감싸주고 섬겨주니 관계가 좋을 수밖에 없다. 그리고 행복할 수밖에 없다.

매일 밤 기도하고 잠들자(약 5분 정도 소요).

대부분의 부부는 같이 기도하지 않고 각자 기도한다. 부부가 함께 기도하면 하나님의 은혜가 임한다. 오랜 시간 하지 말고 단 5분만 하라. 손을 잡고 눈을 바라보면서 단순하게 기도하자. 부부 사이에 문제가 있으면 서로의 눈을 바라볼 수가 없다. 눈을 뜨고 기도해도 괜찮다.

첫째, 회개 기도를 한다. "하나님, 오늘 제가 아내(남편)에게 말과 행동으로 상처 준 일이 있었나요?" 하며 용서를 구하고 회개한다.

둘째, 감사 기도를 한다. "주님께 신실하고 저를 위해 헌신하는 아내(남편)에게 감사합니다."

셋째, 축복 기도를 한다. "주님, 아내(남편)에게 예수님의 마음을 부어 주세요. 영육간에 강건하게 해주시고, 상처 주는 사람은 막아주시고, 축복을 나누는 사람을 만나게 해주세요."

남편이 먼저 기도한 후에 아내가 하는 방식으로 부부 기도를 드려보자. 가정을 깨뜨리는 영이 사라지고 하나님의 축복이 부부와 가정에 임하는 것을 경험하게 될 것이다.

12

축복은 순종을 따라 흐른다

나아만이 이에 말들과 병거들을 거느리고 이르러 엘리사의 집 문에 서니 엘리사가 사자를 그에게 보내 이르되 너는 가서 요단 강에 몸을 일곱 번 씻으라 네 살이 회복되어 깨끗하리라 하는지라 나아만이 노하여 물러가며 이르되 내 생각에는 그가 내게로 나와 서서 그의 하나님 여호와의 이름을 부르고 그의 손을 그 부위 위에 흔들어 나병을 고칠까 하였도다(열왕기하 5장 9-11절).

나는 누구일까?

나는 수많은 전쟁을 치렀다. 전쟁터에서 잔 날이 집에서 잔 날보다 많다. 생사의 고비를 수없이 넘었고, 전쟁터에서 다친 상처는 몸에 문신처럼 남아 있다. 많은 전우가 전쟁터에서 죽거나, 장애자가 되어 군복을 벗었지만 나는 끝까지 살아남았다.

비겁해서 살아남은 것이 아니다. 전쟁터에서 나는 강하고 용맹한 전사였다. 늘 앞장서서 싸웠고 적들을 물리쳤다. 따르던 부하들은 나를 존경했고, 전쟁 영웅이 된 나를 백성들은 환호했다. 결국, 임금의 총애를 받아 군대 장관이 되었다. 세상에 부러울 것이 없었다.

그러던 어느 날, 피부에 진물이 나기 시작했다. 별거 아니겠지 했는데 백약이 무효였다. 의사에게 보였더니 깜짝 놀라면서 나병이라고 했다. 하늘이 무너지는 것 같았다. 이제 나는 어쩌면 좋은가. 화려한 군복으로 내 몸을 감싸고 있었지만, 내 살은 썩어가고 있었다.

이 사연의 주인공은 누구일까? 아람 나라의 군대 장관 나아만이다. 언젠가 나아만 장군이 이스라엘 땅에 쳐들어갔을 때, 어린 소녀 하나를 잡아 와서 아내 시중을 들게 했다. 그 소녀가 이렇게 말한다.

"나아만 장군께서 이스라엘의 선지자를 만나 보시면 좋겠습니다. 그분이라면 장군님의 나병을 고치실 수 있을 것입니다."

나아만은 지푸라기라도 잡고 싶은 심정이었다. 아람 왕에게 적국에 다녀오겠다고 보고했다. 왕의 허락이 떨어졌다. 아람 왕의 친서를 들고 어마어마한 예물을 챙겨서 군마와 병거의 호위를 받으며 이스라엘로 갔다. 그리고 왕의 친서를 이스라엘 왕에게 전했다.

"나의 신하 나아만을 귀하에게 보냅니다. 부디 나병을 고쳐 주시기 바랍니다."

이스라엘 왕은 그 편지를 읽고 안색이 변하더니, 갑자기 옷을 찢으며 진노하기 시작했다.

"내가 사람을 죽이고 살리는 신이라도 된다는 말인가? 사람을 보내서 나병을 고쳐 달라고 하니 이런 억지가 어디 있단 말인가? 이것은 트집을 잡아 전쟁을 하려는 것이 분명하다!"

병 고치러 왔다가 자칫하면 두 나라가 전쟁하게 생겼다. 이스라엘 왕이 옷을 찢으며 낙담해 있다는 이야기가 엘리사 선지자 귀에 들어갔다.

"임금님, 어찌하여 옷을 찢으셨습니까? 그 사람을 저에게 보내 주십시오. 이스라엘에 선지자가 있다는 것을 보여 주겠습니다."

그래서 나아만 장군은 군마와 병거를 거느리고 엘리사 선지자의 집으로 갔다.

"여봐라, 게 누구 없느냐?"

사환 하나가 달랑 나와서 나아만에게 인사를 했다.

"장군님, 선지자님께서 요단 강에서 몸을 일곱 번 씻으라고 합니다. 그러면 장군의 몸이 다시 깨끗하게 될 거라고 하셨습니다."

말을 전해 들은 나아만 장군은 속에서 부아가 올라왔다. 이것은 군대 장관에 대한 예우가 아니었다. 사람을 무시해도 너무 무시한 것이다.

"돌아가자. 나를 어떻게 이리 대할 수 있느냐. 적어도 엘리사가 직접 나와서 정중히 나를 맞이하고, 자기 하나님의 이름으로 상처 위에 직접 안수하여 고쳐 주는 것이 도리가 아니겠느냐? 우리 고향에 있는 다메섹 강 아바나와 바르발이, 이스라엘의 모든 강물보다 좋지 않다는 말이냐?"

참 아슬아슬한 순간이다. 나아만 장군의 말이 틀리지는 않다. 참 예의가 없는 엘리사다. 사람이 왔으면 나와 보기라도 해야 하는 것 아닌가? 나아만 장군이 엘리사 집까지 온 것은 그가 초대했기 때문이다. 자기가 왕에게 나아만 장군을 보내라고 해서 온 것이다. 갑자기 들이닥친 것이 아니다.

> 다메섹 강 아바나와 바르발은 이스라엘 모든 강물보다 낫지 아니하냐 내가 거기서 몸을 씻으면 깨끗하게 되지 아니하랴 하고 몸을 돌려 분노하여 떠나니(왕하 5:12).

낮아지는 자에게 임하는 축복

분을 내며 돌아가는 나아만 장군에게 부하들이 조심스럽게 다가와서 조언한다.

"장군님, 선지자가 이보다 더한 일을 행하라고 해도 하지 않으셨겠습니까? 다만 몸이나 씻으라고 하는데, 그러면 깨끗해진다는데, 못할 까닭이 어디에 있습니까?"

만약 분노해서 떠났다면 나아만 장군에게는 축복이 임하지 않았을 것이다. 자신이 축복을 발로 차버린 것도 모른 채 나병을 앓다가 죽었을 것이다. 나아만 장군의 자존심, 군 최고 사령관으로서의 자존심이 축복을 가로막는 걸림돌이 되었을 것이다.

나아만 장군은 부하들의 말을 귀담아 들었다. 부하들의 말이 맞았다. 나병이 낫기만 한다면 똥물에 일곱 번 들어갔다가 나오라고 했어도 했을 것이다. 낫는다는데 무엇을 못하겠는가. 밑져야 본전이다.

나아만은 자존심을 내려놓았다. 엘리사 선지자가 시킨 대로, 요단 강에서 일곱 번 몸을 씻었다. 성경에 어떻게 일곱 번 씻었는지에 대해 나와 있지는 않지만, 물속에 들어가 후다닥 일곱 번 씻고 나오지는 않았을 것이다. 물속에 들어가 진물이 난 몸을 정성껏 씻고 나온 것이 한 번이었을 것이다. 이렇게 하루 한 번씩 칠 일 동안 씻었을지도 모른다.

물속에 한 번 들어갔다 나왔다고 해서 금방 효과가 나타났을까? 그렇지 않았을 것이다. 여리고 성을 하루 한 번씩 칠 일 동안 돌 때, 한 번 돌아도 꿈쩍하지 않고, 두 번 돌아도 꿈쩍하지 않고 여섯째 날에도 요동하지 않았다. 일곱째 날 새벽에 일곱 번 돌 때 무너졌다. 나아만 장군이 요단 강물에 몸을 씻을 때도 한 번 씻고 두 번 씻어도 어떤 징후도 없었을 것이다. 몸을 씻으며 무슨 생각을 했을까?

'내가 괜한 짓을 하는 건 아닐까? 이거 미친 짓이지 이렇게 한다고 나을까, 그만둘까?'

수많은 의심이 꼬리에 꼬리를 물었을 것이다. 오만 가지 생각이 들었겠지만, 끝까지 견디며 엘리사가 시킨 대로 요단 강물에 일곱 번 몸을 씻었다. 그런데 일곱 번째 씻고 나오는데 나아만 장군의 살결이 어린아이의 살결처럼 깨끗하게 치유되었다.

축복은 순종을 따라 흐른다

축복의 기적은 순종을 따라 흐른다. 이스라엘 여종의 말을 듣지 않았다면 엘리사를 만나지 못했을 것이다. 부하의 말을 듣지 않았다면 엘리사를 만나고도 축복의 문턱에서 끝났을 것이다. 결국, 요단 강물에 몸을 일곱 번 씻으라는 엘리사의 말에 순종했을 때 기적이 나타났다.

하나님은 우리가 하나님 말씀에 순종하기를 원하신다. 아무리 좋은 말씀을 많이 해주어도 순종하지 않으면 아무 소용이 없다

택시 운전을 하는 김강자 권사님이 '뜨레스 디아스' 영성훈련에서 한 간증이다.

나는 결혼 전에 보육원에서 고아들을 돌보는 보모 일을 했습니다. 예수 믿는 젊은 자매가 정성껏 아이들을 돌보는 것을 본 어떤 분이 황당한 중매를 했습니다. 어린 딸아이 넷에 시어머니와 시할머니까지 있는 홀아비와 결혼하면 어떻겠냐는 것입니다. 말도 안 되는 소리라고 웃어넘겼는데, 자꾸 마음에서 떠나지 않았습니다.

'그래, 나 하나 희생하면 어린아이 넷도 살고, 불쌍한 사람 세 명이 사는데 한 번 해보자' 하는 마음이 들었습니다. 무작정 그 집에 들어가 냉수 한 그릇 떠놓고 결혼식을 하고 살림을 시작했습니다. 시댁은 우상을 섬기는 집이었습니다. 예수 믿는 며느리 들어왔다고 굿을 해야겠다는 시어머니와의 갈등을 시작으로 온갖 시집살이가 시작되었습니다. 어린 딸들은 아무리 잘해줘도 '엄마'라는 말 한마디 안 하고 동화책에 나오는 악한 계모 취급을 했습니다.

어느 날 부엌에서 일하고 있는데, 안방에서 시어머니와 시할머니가 딸들을 모아놓고 이년 저년 하면서 저의 흉을 보는 것입니다. 갑자기 속에서 분노가 치밀어 오르고, '다 죽이고 끝내자' 하는 마음이 들어 칼을 들고 안방으로 들어가려고 했습니다. 그때 '안 된다. 딸아!' 급히 막으시는 하나님 음성이 들렸습니다.

나 자신이 너무 초라하고 한스러워서 칼을 내려놓고 엉엉 울었습니다. 이때 하나님께서 말씀하셨습니다.

'너 결혼할 때 나에게 기도 한마디 했더냐? 네 결심과 용기로 이

집에 들어오지 않았더냐?'

그 순간 내 결심과 용기가 모두 무너져 내렸습니다. 그리고 기도하기 시작했습니다. 기도하자 하나님께서 주시는 용기가 생겼습니다.

이런 와중에 남편이 중병에 걸렸습니다. 진찰 결과 수술할 수 없을 정도로 배에 혹이 가득 찼다는 것입니다. 병실에 있는 남편에게 단호하게 말했습니다.

'당신이 예수님 믿으면 하나님께서 고쳐주실 것을 확신해요. 당신이 돈을 못 벌어도 내가 책임지고 알아서 살테니 이제 함께 예수님 믿읍시다.'

이날 밤에 하늘에서 칼이 내려와 남편 몸에 있는 혹을 떼어 내는 꿈을 꾸고 하나님께서 깨끗하게 고쳐주실 것을 확신했습니다.

그 후 남편은 열심히 교회에 다니기 시작했습니다. 교회 사찰 집사처럼 교회 구석구석을 살피고 망가진 것은 고치고, 먼지가 쌓였으면 닦으며 교회를 애지중지 돌보았습니다. 개척 교회였던 교회가 부흥하기 시작했고, 3천 명이 모이는 교회로 성장했습니다.

교회는 처음으로 세 명의 장로 후보를 세웠습니다. 후보 중에는 남편도 있었습니다.

한 분은 교회에서 헌금을 가장 많이 했고, 다른 한 분은 학식이 높아 교인들의 존경을 받았습니다. 그러나 남편은 배운 것도 돈도 없습니다. 전교인 장로 투표가 있는 주일 날 마음이 떨려서 교회에 갈 수가 없었습니다. 떨어지면 남편이 실족할 것 같았습니다. 엎드려 간절히 기도했습니다.

'하나님 아버지, 저는 남편이 장로가 되었으면 좋겠는데, 하나님은 어떠신가요?'

간절히 기도하는데 입에서 찬송이 흘러나왔습니다.

'하나님 한 번도 나를 실망시킨 적 없으시고, 언제나 공평과 은혜로서 나를 지키셨네. 오, 신실하신 주.'

마음에 평안함이 밀려왔습니다. 그때 집으로 전화가 왔습니다. 목사님이었습니다.

'축하해요, 권사님. 전교인 투표에서 세 분 모두 장로로 세워지게 되었어요. 그런데 권사님 남편이 투표에서 1등 했어요.'

'하나님 아버지, 이 영광을 어찌 저에게 주십니까?'

그때 하나님 아버지의 음성이 마음에서 울렸습니다.

'사랑하는 딸아, 자존심을 버린 너의 순종을 내가 받았다.'

자신을 죽이고 순종하는 것을 받았다는 것이다. 자신의 욕심도 자존심도 십자가에 못 박는 순종을 받았다는 것이다. 이것은 십자가의 순종이다. 십자가의 순종은 예수님을 죽여 우리를 살리는 순종이다. 나를 죽여 남을 살리는 순종이다.

나아만은 우리의 이름이다. 나아만은 '나~만' 생각하고 살아가는 사람들이다. 나만 생각하고, 나만 잘살고, 나만 욕심 채우려는 사람이다. 나만 생각하는 병이 모든 것을 파괴한다. 나만 생각하는 남편은 나쁜 남편이다. 나만 생각하는 자식은 나쁜 자식이다. 나만 생각하는 사장은 나쁜 사장이고, 나만 생각하는 정치인은 나쁜 정치인이다. '나만'을 치유하지 않으면 세상이 치유되지 못한다. '나만'을 무엇으로 고칠 수 있을까? 오직 복음으로만 할 수 있다. 복음이 나아만을 고치듯이 우리의 병든 심령도 육체도 복음만이 고칠 수 있다.

13

축복은 운명을 바꾼다

야베스는 그의 형제보다 귀중한 자라 그의 어머니가 이름하여 이르되 야베스라 하였으니 이는 내가 수고로이 낳았다 함이었더라 야베스가 이스라엘 하나님께 아뢰어 이르되 주께서 내게 복을 주시려거든 나의 지역을 넓히시고 주의 손으로 나를 도우사 나로 환난을 벗어나 내게 근심이 없게 하옵소서 하였더니 하나님이 그가 구하는 것을 허락하셨더라(역대기상 4장 9-10절).

야베스, 그가 궁금하다

역대상 1장부터 9장까지는 이스라엘의 족보다. 족보에는 600명이 넘는 이름이 나온다. 모든 족보를 다 기록한 것이 아니고, 이스라엘 역사에 중요한 역할을 한 사람 중에 600명만 나열하고 있다. 족보는 아주 성의 없게 시작한다. 첫째, 아담, 셋, 에노스. 둘째, 게

난, 마할랄렐, 야렛. 셋째, 에녹, 므두셀라, 라멕. 넷째, 노아, 셈, 함과 야벳. 그리고 좀 이상하다. 중간쯤 가서 야베스라는 인물에 대해서는 비교적 자세하게 묘사하고 있다.

야베스는 도대체 어떤 사람이기에 이름만 나열하고 있는 족보에 이렇게 자세하게 묘사하고 있을까? 궁금해서 구약 전체를 뒤져 봤지만, 야베스에 대해서 그 어디에도 나오지 않았다. 오직 이 족보에만 나오는 인물이었다. 성경 기자는 족보에 유독 야베스만 거창하게 기록해 놓았을까?

우리가 쉽게 이해 할 수 없는 곳에는 하나님의 뜻이 숨겨져 있다. 족보에 거창하게 나오는 것은 하나님이 야베스를 특별하게 드러내고 싶으셨기 때문이다. 하나님이 야베스를 드러내고 싶으신 이유는 분명 그에게 감동했기 때문일 것이고, 또 이 말씀을 읽는 이들이 야베스를 보고 감동받기 원하시기 때문일 것이다.

서러운 인생이 주는 감동이 있다

야베스는 그의 형제보다 귀중한 자라 그의 어머니가 이름하여 이르되 야베스라 하였으니 이는 내가 수고로이 낳았다 함이었더라(대상 4:9).

이 말씀에서 보면 야베스는 참 대단한 인물이다. 야베스가 대단한 이유는 높은 자리에 있기 때문이 아니라, 깊은 감동을 주기 때문이다. 세상적으로 대단한 사람은 아니지만 깊은 감동을 주는 사람이다.

야베스가 감동을 주는 이유는 그가 살아내야 했던 역경과 연결되어 있다. 야베스는 지체 높은 집에서 태어나지 않았다. 부모의 재산과 명성을 물려받아서 잘된 사람이 아니다. 야베스가 감동을 주는 것은 그의 시작이 형편없었기 때문이다.

그의 어머니는 야베스를 고통과 절망 중에 낳았다. 아기가 태어나긴 했지만 아기의 미래가 전혀 보이지 않았다. 아기의 미래는 고통과 절망이었다. 그래서 이름을 '야베스'라고 지었다.

야베스에는 '고통, 슬픔, 수고'라는 뜻이 담겨 있다. 태어나면서부터 앞으로 살아갈 인생이 고통과 슬픔뿐인 저주받은 아이였다.

왜 고통이고 슬픔인지는 알 수 없지만, 상상해 볼 수는 있다. 어머니가 난산 끝에 세상을 떠났을 수도 있다. 아기를 낳을 때쯤 아버지가 전쟁터에서 죽었다는 전사 통지서를 받았을 수도 있다. 아니면 아기가 장애를 가지고 태어났을 수도 있다. 야베스가 태어났을 때 아기를 본 사람들이 "아, 이 아기는 어떻게 살아갈까?" 혀를 차며 안타까워했을 수도 있다.

그런데 야베스는 자신의 불행을 딛고 일어섰다. 야베스를 만나는 사람은 감동을 받고, 특히 야베스처럼 불행한 처지에 있는 사람들이 그를 보고 용기와 위로를 받았다. 그래서 야베스를 누구나 존경하게 되었다.

하나의 문이 닫히면 또 하나의 문이 열린다

김혜남은 정신분석 전문의이자 베스트셀러 작가다. 고등학교 2학년 때 소울메이트 같았던 언니가 교통사고로 세상을 떠났다. 슬퍼하는 부모님을 보면서 언니 몫까지 두 사람 몫을 살아야 한다고 생각했다. 언니한테 의사가 되겠다고 한 약속을 지키기 위해 의자에 몸을 줄로 묶고 앉아 공부해서 고려대 의대에 입학했다. 그리고 정신과 전문의가 되어 '김혜남신경정신과의원'을 개업했다. 개업해서 한창 열심히 일할 때 몸이 뻣뻣해지고 힘이 없어지는 것이다. 파킨슨병이었다. 눈물만 나왔다. 그녀의 나이 마흔두 살이었다.

'왜 나한테 이런 일이 일어났을까? 내가 뭘 잘못했다고. 난 정말 열심히 산 죄밖에 없는데…….'

파킨슨병은 보통 65세 이상 된 사람들에게 찾아오는 노인성 질환으로 손발이 떨리고 몸이 굳는 병이다. 아직 치료 약은 없다. 약으로 병의 진행을 조금 더디게 할 수 있을 뿐이다.

파킨슨병을 진단받은 후 절망감에 빠져 더는 환자를 볼 수가 없었다. 병원 문을 닫고 집 안에 틀어박혀 침대에 누워 천장만 바라보면서 지냈다. 그러던 어느 날 문득 깨달았다.

누워 있다고 바뀌는 건 아무것도 없었다. 다행히 병이 초기 단계라 아직 할 수 있는 일이 많다는 생각이 들었다. 그래서 일어났다. 하루를 살고, 다음 날을 살았다. 그렇게 15년을 살면서 진료와 강의를 하고 두 아이를 키웠다. 그리고 방황하는 젊은이들을 위한 조언을 담은 《서른 살이 심리학에게 묻다》라는 책을 썼는데 베스트셀러가 되었다.

파킨슨병은 너무 고통스러운 병이다. 손발이 떨리고, 근육이 뻣뻣해지고, 몸이 굳는 증상이 나타나는 신경퇴행성 질환이다. 고통을 참다못해 창문에서 뛰어내리고 싶었던 때도 있었다.

그렇지만 어떻게든 고통을 견디다 보면 고통이 수그러드는 때가 반드시 왔고, 고통과 고통 사이에는 반드시 덜 아픈 시간이 있고, 약을 먹으면 뜻대로 움직일 수 있는 시간도 있었다. 그 시간을 기다렸고, 그 시간이 오면 운동하고, 산책하고, 친구들과 수다를 떨었다.

왜 나에게 이런 일이 생겼는지 원망도 했지만, 정신과 의사로 일하면서 자신보다 더 외롭고, 힘들고, 불행한 사람을 많이 만났다. 그들을 도와야 했기 때문에 원망하면서 낭비하기에는 시간이 너무나 짧았다. 그래서 하루하루를 즐겁고 재미있게 살기로 결심한다.

그녀는 말한다.

"하나의 문이 닫히면 또 하나의 문이 열립니다. 그러니 더는 고민하지 말고 그냥 재미있게 살아야 합니다."

신학자 토마스 아퀴나스는 말한다.

"고통은 은혜요. 축복이다."

고통을 겪으면 감사를 배우게 된다는 말이다. 의사 김혜남이 겪고 있는 파킨슨병을 통해서 깨달은 이야기 한 마디 한 마디가 깊은 감동을 준다.

불행한 인생을 견디면서 살기 때문에 줄 수 있는 깊은 감동이 있다는 것을 아는가? 고통과 슬픔과 수고로운 인생을 살았기 때문에 다른 사람을 위로하고 다른 사람에게 용기를 주며, 다른 사람으로부터 존경받을 수 있다는 사실을 아는가?

하나님이 야베스를 역대상 족보에서 특별하게 다루신 이유는 야베스만이 줄 수 있는 깊은 감동이 있기 때문이다. 현실을 원망하고 처지를 비관하지 않고 딛고 일어선 눈물겨운 사연이 있기 때문이다.

하나님 마음의 족보에는 성공한 사람이 있지 않고 감동을 주는 사람이 있다. 지금도 주님의 눈길은 하나님 마음에 감동을 주는 사람에게 머물러 있다.

"내 인생 참 서럽다."

그 서러움 주님도 알고 있고, 그 서러운 인생 때문에 주님도 속상해하고 있음을 아는가? 서러운 인생에 무릎 꿇지 않고, 참고 견디며 이겨가는 모습이 하나님 마음에 감동을 준다. 어렵고 고된 삶이지만 포기하지 않고, 하나님께 기도하며 하나하나 이겨 나갈 때, 우리는 감동을 주는 삶을 살 수 있다.

고통이 은혜이고 축복이다

야베스가 이스라엘 하나님께 아뢰어 이르되 주께서 내게 복을 주시려거든 나의 지역을 넓히시고 주의 손으로 나를 도우사 나로 환난을 벗어나 내게 근심이 없게 하옵소서 하였더니 하나님이 그가 구하는 것을 허락하셨더라(대상 4:10).

야베스는 의지할 곳이 하나님밖에 없었다.

"하나님, 복을 주십시오. 복을 주셔서 나의 지역을 넓히시고, 환난을 벗어나 축복을 누리게 하옵소서."

의지할 곳이 하나님밖에 없는 상황은 멋있어 보인다. 그러나 이처럼 고통스럽고 불행한 상황은 없다.

동생이 암에 걸렸다. 첫 치료는 성공적인 것처럼 보였지만 재발했고 의사는 더는 의학적으로 치료 방법이 없다고 말했다. 이제 더 이상 아무 희망이 없었다. 오직 의지할 곳은 하나님밖에 없었다.

그때 깨달았다. 의지할 데가 오직 하나님밖에 없다는 것은 엄청난 공포였다. 하나님밖에 없다는 것은 절망이었다.

방사선 치료라도 할 수 있을 때는 희망이 있다. 항암제라도 쓸 수 있을 때는 아직 끝난 것이 아니었다. 더 이상 병원에서는 해줄 수 있는 것이 없다고 퇴원하라고 할 때, 하늘이 무너져 내리는 것 같았다. 의지할 곳이 하나님밖에 없는 순간은 굉장한 절망의 순간 이다.

야베스는 정말 하나님밖에 없었다. 숨 막히는 불행이다. 그러나 하나님밖에 없었던 야베스이기에 하나님께서는 야베스의 기도를 들어 주셨다.

"하나님이 그가 구하는 것을 허락하셨더라."

절망은 하나님께서 은혜를 주시는 기회다. 우리는 하나님 말고 도 의지할 곳이 더 있었으면 좋겠다고 생각한다. 의지할 재산이 있 으면 좋겠고, 의지할 친척이 있으면 좋겠다. 그런데 종종 하나님은 우리를 하나님밖에 의지할 곳이 없는 상황으로 몰아가신다. 우리 를 아무것도 의지할 것이 없는 광야로 이끄시는 것이다. 그런데 아 무것도 없는 광야가 하나님을 만나는 축복의 자리다.

네 하나님 여호와께서 이 사십 년 동안에 네게 광야 길을 걷게 하신
것을 기억하라 이는 너를 낮추시며 너를 시험하사 네 마음이 어떠한

막다른 골목, 인생의 막장으로 하나님이 우리를 몰아가실 때가 있다. 그 자리에서 매달릴 것은 하나님밖에 없다. 그 광야에서 할 수 있는 것은 기도밖에 없다.

"하나님, 도와주십시오. 내 인생 하나님이 마지막 소망입니다. 하나님, 제발 저에게 복을 주십시오."

야베스의 간절한 기도가 그를 살렸다. 기도가 야베스에게 하나님의 축복을 하나하나 쌓이게 한 것이다.

축복받는 사람의 여섯 가지 태도

1. 축복 의식을 가지고 산다.

2. 긍정적인 태도를 중요하게 여긴다.

3. 성경의 원리를 적용하는 데 탁월하다.

4. 다른 사람을 축복한다.

5. 과거에 머물지 않고 미래를 향해 나아간다.

6. 온유하고 겸손하게 산다.

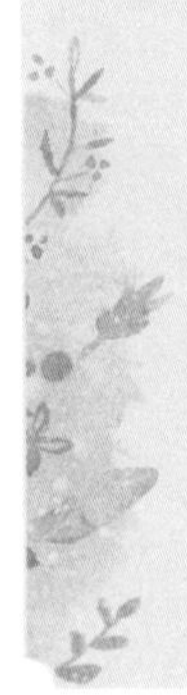

14

축복이 베풀어지는 집

그 때에 예수의 어머니와 동생들이 와서 밖에 서서 사람을 보내어 예수를 부르니 무리가 예수를 둘러앉았다가 여짜오되 보소서 당신의 어머니와 동생들과 누이들이 밖에서 찾나이다 대답하시되 누가 내 어머니이며 동생들이냐 하시고 둘러앉은 자들을 보시며 이르시되 내 어머니와 내 동생들을 보라 누구든지 하나님의 뜻대로 행하는 자가 내 형제요 자매요 어머니이니라(마가복음 3장 31–35절).

"죽은 후에도 지금의 배우자와 함께하겠습니까?"

70퍼센트의 남편들이 "그렇다"라고 응답했다. 반면에 아내들은 10퍼센트만 "그렇다"라고 응답했다. 90퍼센트에 해당하는 대부분의 아내들은 지금의 배우자와 함께하는 것을 거부한 것이다.

"그렇다"라고 응답한 10퍼센트에 해당하는 부부만 행복한 가정생활을 하고 있는 것이다.

모든 가족이 평안하고 즐거운 삶을 산다면 정말 행복한 사람이다. 가정 안에 섬김과 배려와 따뜻함이 있다면 비록 가난해도 몸이 좀 불편해도 행복할 것이다.

미국 최고의 코미디언 에디 머피의 이야기다. 대단한 부와 인기를 누리며 수많은 사람을 웃게 했지만, 정작 자신은 마음 둘 곳이 없었다. 12년 만에 부인과 이혼하고 미모의 사업가 트레이시와 태평양의 환상적인 섬 보라보라에서 화려한 결혼식을 올렸지만, 2주 만에 이혼했다. 인기도 있고 부유했지만, 가정이 흔들리면서 마음 둘 곳이 없었다. 가정이 흔들리는 역사는 인류 최초의 가정에서 시작되었다.

흔들리는 가정

가인이 그의 아우 아벨에게 말하고 그들이 들에 있을 때에 가인이 그의 아우 아벨을 쳐죽이니라(창 4:8).

인류 최초의 가족은 아담과 하와 부부와 두 아들 가인과 아벨이었다. 가인은 농사를 지었고, 아벨은 양 떼를 쳤다. 그 소출로 하나님께 제물을 드렸는데, 아벨과 그 제물은 받으셨지만, 가인과 그

제물은 받지 않으셨다. 이 일로 가인이 아벨을 질투하기 시작했다. 아벨이 죽이고 싶도록 미워졌다. 결국, 동생 아벨을 들로 유인해서 죽이고 말았다. 아담과 하와의 마음은 찢어졌을 것이다. 작은아들은 죽었고, 큰아들 얼굴은 쳐다볼 수도 없다. 동생 죽인 형을 어떻게 용서할 수 있겠는가? 아담과 하와는 졸지에 두 아들을 다 잃어버렸다.

이 가족의 불행 뒤에는 배후가 있었다. 철저하게 하나님이 주신 행복을 깨뜨리려는 배후가 있었다. 바로 사탄이다. 사탄이 하와를 유혹해서 죄를 짓게 했고, 가인의 마음에 질투와 분노를 심어서 동생을 죽이게 만들었다. 사탄은 가정을 파괴하는 데 혈안이 되어 있다. 가정을 파괴하면 하나님의 모든 계획을 흔들어 놓을 수 있기 때문이다.

행복한 가정은 건강한 인격을 잉태한다. 예수님 마음을 닮은 성품을 잉태한다. 그래서 하나님의 계획을 이루는 사람을 키워내는 것이다. 반대로 불행한 가정은 사악한 인간을 잉태하는 소굴이다.

패역한 인간 뒤에는 불행한 가정사가 밑그림처럼 깔려 있다. 부모의 이혼, 알코올중독, 편애, 폭언과 학대로 얼룩진 슬픈 사연이 삶 속에 배여 있다.

여러분은 행복한 삶을 살고 있는가? 행복하지 않다면 풀어야 할 가족 간의 문제가 있기 때문이다. 자녀 때문에 속상하고, 자녀 때문에 살맛이 안 나는가? 부부가 대화만 하면 싸워서 한 공간에 있는 것조차 고통스러운가? 가족을 생각하면 한숨부터 나오는가? 그렇다면, 한숨 뒤에서 미소 짓고 있는 사탄의 음모가 있다는 것을 알아야 한다. 가정을 철저하게 무너뜨리는 악한 영을 파쇄해야 한다. 베드로 사도는 이렇게 경고한다.

근신하라 깨어라 너희 대적 마귀가 우는 사자 같이 두루 다니며 삼킬 자를 찾나니(벧전 5:8).

야곱의 가족은 지금의 문화에서는 상상할 수 없는 가족이다. 야곱은 부인만 네 명(레아, 레아 몸종 실바, 라헬, 라헬 몸종 빌하)이었고, 네 명의 부인 사이에서 열두 명의 아들을 얻었다. 야곱의 가정도 바람 잘 날이 없었다. 큰아들 르우벤이 아버지의 젊은 부인 빌하와 간통을 저질렀다(창 35:22).

이것을 눈치 챈 야곱이 분하고 화가 나서 잠을 못 이룰 정도였다. 그래서 야곱은 장자의 권한을 르우벤에게 주지 않았다. 자기 잠자리를 더럽힌 아들이기 때문이다. 그래서 장자의 권한은 요셉의 자식에게 상속되었다(대상 5:1).

야곱은 오직 라헬만을 사랑하고, 라헬에게서 태어난 요셉을 유독 사랑했다. 채색 옷을 입히고, 온갖 총애를 하니 다른 자식들이 요셉에게 분노하고 질투하는 것은 당연한 결과일 수 있겠다. 그래서 형들이 요셉을 이집트로 가는 미디안 상인에게 팔아 버린다. 친족 인신매매 사건이다. 아버지에게는 양의 피를 잔뜩 묻힌 요셉의 옷을 보여 주면서 들짐승에게 잡혀 먹었다고 아버지를 속인다. 이날부터 야곱은 삶의 낙을 잃어버린다.

그러던 어느 날, 딸 디나가 머리는 산발이 되고, 옷깃은 여기저기 풀어 헤쳐진 채 들어왔다. 동네 구경 나갔다가 겁탈을 당한 것이다. 오빠들이 복수하기 위해 나섰다.

붙잡고 보니 히위 족속 하몰 추장의 아들 세겜이다. 디나를 너무 사랑해서 그랬다는 것이다. 디나와 결혼할 수만 있다면 뭐든지 하겠다고 한다. 오빠들은 여동생과 결혼하려면 모든 부족 남자들이 할례받아야 한다는 조건을 내걸었다.

삼 일 후에 할례받은 고통 때문에 하몰 부족 남자들이 거동하지 못할 때, 디나의 친오빠 시므온과 레위가 습격해서 히위 족속 남자들을 몰살하고 돌아온다.

이 소식을 들은 야곱은 죽을 지경이었다. 히위 족속 주위에는 그 형제 족속들뿐인데, 복수하기 위해 군대를 모아 쳐들어오면 꼼짝없이 몰살당할 상황이다. 야곱이 난장을 치고 돌아온 시므온과 레위를 야단친다.

"이 땅에 사는 모든 사람이, 나를 사귀지도 못할 추한 인간이라고 여길 게 아니냐? 우리는 수가 적은데, 그들이 합세해서, 나를 치고, 나를 죽이면, 나와 나의 집안이 다 몰살당할 수밖에 없지 않느냐?"(창 34:30 새번역)

그러자 두 아들이 아버지에게 바락바락 대든다.

"그가 우리 누이를 창녀 다루듯이 하는 데도 그대로 두라는 말입니까?"

야곱의 가족은 풍비박산 나기 직전으로 치달았다. 그런데 하나님은 이 가정을 요셉을 통해 치유하고 회복하기 시작하셨다. 가족의 최대 희생양이며 피해자인 요셉을 통해 온 가족이 서로 용서하고 하나가 되도록 인도하셨다. 창세기 마지막 장에서 슬픈 사연의 주인공 요셉이 형들에게 이렇게 말한다.

당신들은 나를 해하려 하였으나 하나님은 그것을 선으로 바꾸사 오늘과 같이 많은 백성의 생명을 구원하게 하시려 하셨나니 당신들은 두려워하지 마소서 내가 당신들과 당신들의 자녀를 기르리이다 하고 그들을 간곡한 말로 위로하였더라(창 50:20).

예수님 가족도 심상치 않다

그 때에 예수의 어머니와 동생들이 와서 밖에 서서 사람을 보내어 어머니 마리아와 동생들이 예수를 찾아왔다. 그런데 안으로 들어오지 않고, 사람을 시켜 불러내려고 한다. 그 안에서 빼내고 싶은 것이다. 가족들이 예수가 미쳤다는 소문을 듣고 그를 붙잡기 위해 온 것이다(막 3:21).

지금 어머니와 형제들은 예수님을 지지하러 온 것이 아니다. 예수님이 불순한 운동을 하고 다닌다는 소문을 듣고 말리러 온 것이다. 형제들은 예수님을 오해하고 있다. 예수님에 대한 소문이 심상치 않았고, 미쳤다고 사람들에게 손가락질당하는 형 예수가 늘 못마땅했다.

그래서 예수님이 십자가에 달리실 때, 동생들은 그 자리에 없었다. 동생들이 보이지 않자, 예수님은 어머니를 요한 사도에게 맡겼다.

"요한아, 네 어머니다. 어머니, 당신의 아들입니다."

하지만 예수님은 동생들을 회복시키셨다. 예수님의 동생들은 어머니 마리아와 함께 오순절 마가의 다락방에서 성령을 체험한다(행 1:14).

동생 야고보는 초대교회에서 베드로와 함께 정신적 지도자로 세워졌다. 그리고 야고보 서신을 기록했다. 예수님의 또 다른 동생

유다도 영감을 받은 편지 유다서를 써서 형에 대한 믿음을 나타내었다. 결국, 부활하신 예수님이 가족을 회복했을 뿐만 아니라 더 큰 가족, 영적인 가족의 지도자로 동생들을 회복하신 것이다.

가정이 회복되어야 한다. 세상에서 가장 복된 일은 가정을 회복하는 것이다. 성경은 이렇게 말한다.

세상에서 가장 비참한 일은 사랑 없는 가정에서 사는 것이다. 어떤 이들은 결혼생활을 후회하지만 자식 때문에 억지로 살기도 한다. 자식들 결혼만 하면 이혼할 것을 굳게 마음먹는다. 또 어떤 이들은 이렇게 다짐한다.

'그래, 늙어서 보자!'

그러나 마음속에서 사라지지 않는 배우자에 대한 미움은 십 년, 이십 년이 지나면서 암 덩어리로 변해 버린다. 늙어서 보자 했는데 본인이 먼저 세상을 뜨고 만다.

시인 마리 로랑생은 "죽은 여인보다 더 불쌍한 여인은 잊혀진 여인"이라고 했다. 세상에 가장 외로운 남자도 아내 사랑받지 못하고 사는 남자일 것이다.

결혼은 유일성을 가진다. 다른 남자가 아니라 이 남자로만 행복을 찾겠다고, 다른 여자가 아니라 이 여자로만 기쁨을 얻겠다는 약속이다.

다른 남자와 사랑할 것이 아니라면, 다른 여자와 사랑할 것이 아니라면, 내가 선택한 이 남자, 내가 선택한 이 여자를 사랑하는 일에 모든 것을 쏟아부어야 한다.

남의 여자, 남의 남자에게 잘해 주는 건 불륜일 뿐이다. 내 아내, 내 남편에게 헌신하고 잘 섬기면 네 가지 축복이 임하게 된다.

첫째, 자식이 잘된다. 둘째, 가족이 큰 병에 잘 걸리지 않는다. 셋째, 재물이 새어 나가지 않고 쌓이기 시작한다. 넷째, 다른 사람에게 친절하고 그 친절로 인심을 얻어서 관계가 형통하고 사업까지 번창하게 된다.

예수님 믿고 구원과 영생을 얻은 이들은 에덴동산의 축복을 예수 안에서 얻기 위해 도전해야 한다. 그래야 예수 믿는 100퍼센트의 축복을 누릴 수 있다.

'사탄이 흔들어 놓고 훼방 놓은 우리 가정의 행복을 예수님의 은혜와 사랑으로 반드시 다시 찾으리라. 우리 가정을 반드시 천국으로 바꾸리라.'

이것이 신앙생활에서 포기할 수 없는 우리의 목표가 되어야 한다.

하나님의 뜻대로 축복하라

몇 년 전이다. 아내가 심각하게 말했다.

"여보, 나 대장암인가 봐. 피가 섞여 나와. 인터넷에서 검색해
봤어요."

"쓸데없는 소리 하지 마!"

큰소리로 입을 막아 놓았지만, 나도 내심 걱정이 되어서 목양실
에서 인터넷 검색을 했다.

'대장 관련 질병은 스트레스가 90퍼센트라는데, 성전 건축하며
아내도 힘들었을 텐데, 스트레스를 아내에게 풀었기 때문에 생긴
병은 아닐까?'

미안함이 밀려왔다. 때마침 새벽 기도회에서 골로새서 강해중이
었다. 3장을 읽으며 설교 준비를 하다가 갑자기 쏟아지는 눈물을
주체할 수가 없었다.

그 자리에서 무릎 꿇고 기도했다.

"주님, 아내에게 정말 잘할게요. 아내를 고쳐주세요."

그런데 정말 기가 막힌 건 다음 날부터는 아무렇지도 않았다는 사실이다.

'아, 내 뜻대로, 내 마음대로 함부로 할 때 아내가 병들 수 있구나.'

하나님 뜻대로 해야 아내가 살고 가정이 살아난다. 남편들을 향한 하나님 뜻은 분명하다.

남편들아 이와 같이 지식을 따라 너희 아내와 동거하고 그를 더 연약한 그릇이요 또 생명의 은혜를 함께 이어받을 자로 알아 귀히 여기라(벧전 3:7).

이와 같이 남편들도 자기 아내 사랑하기를 자기 자신과 같이 할지니 자기 아내를 사랑하는 자는 자기를 사랑하는 것이라(엡 5:28).

아내 얼굴은 늘 그늘져 있는데 남편 혼자 행복할 수는 없다. 아내가 남편 말에 무조건 순종해야 한다고 생각하는가? 그렇게 하면 집안의 왕처럼 느껴질 수는 있겠지만 결코 행복하게 살 수는 없다. 아내도 그런 남편을 왕처럼 여기는 것이 아니다. 집안 시끄럽고 싸우고 싶지 않아서 그러는 척할 뿐이다. 이런 문제가 가정에 쌓이고 쌓이면 아이들에게 왜곡된 부부상을 만들어 줄 수 있다. 그리고 부부 사이에는 깊은 갈등만 생길 뿐이다.

우리 교회 성도들 집 출입문에는 약대교회 교패가 붙어 있다. 교패에는 '축복이 베풀어지는 집'이라는 문구가 있다. 우리 집은 축복이 베풀어지는 집이라는 의미를 되새기기 위해서다.

아이들에게 "천국은 어떤 곳이라고 생각하니?"라고 물으면, "천국은 우리 집 같은 곳이에요"라고 대답했으면 좋겠다.

아이가 훌륭하게 성장하기 위해 가장 중요한 기초는 행복한 가정이다. 축복이 베풀어지는 가정이다. 행복한 가정에서 자란 아이가 하나님이 주신 모든 잠재력을 마음껏 꽃피울 수 있다.

그러면 행복한 가정은 어떻게 만들어질까? 아내가 남편에게 다시 태어나도 당신을 만나고 싶다고 진심으로 말할 수 있으면 된다. 이보다 행복한 가정이 어디 있겠는가.

행복한 가정이 되는 것을 가로막는 것은 무엇인가? 행복한 가정이 되는 것을 누가 가로막는가? 안타깝게도 바로 나다. 내 마음 깊은 곳에 살고 있는 얄팍한 자존심, 손해 보지 않으려는 이기심, 내 기분대로 하려는 욕심이 가정의 행복을 가로막고 있다.

가족과 친밀하게 지내는 아주 사소한 비결

· 사랑을 고백하라.

표현하지 않는 사랑은 사랑이 아니다. 사랑 고백은 상상할 수 없는 눈물과 감
동을 준다.

· 일대일 데이트를 하라.

부모와 자녀 간의 대화는 하루 37초, 부부 사이의 대화는 하루 3.5분이라는
통계가 있다. 손을 꼭 잡고 집 근처 공원 의자에 앉아 얘기해도 좋고, 분위기
있는 커피 전문점에서 얘기해도 좋다. 얘기만으로도 서로의 마음과 감정을
이해할 수 있다.

· 하루에 한 끼는 가족들과 식사하라.

세계 유명 대학의 연구 결과에 의하면 규칙적인 가족 식사는 자녀들의 정서
적 · 신체적 발달과 변화에 큰 영향을 미친다고 한다.

15

축복권을 묻어두지 마라

아므람의 아들들은 아론과 모세이니 아론은 그 자손들과 함께 구별
되어 몸을 성결하게 하여 영원토록 심히 거룩한 자가 되어 여호와
앞에 분향하고 섬기며 영원토록 그 이름으로 축복하게 되었느니라
(역대상 23장 13절).

축복권의 시작

축복은 다른 사람을 위해 기도하는 것이고, 잘될 거라고 하나님
의 이름으로 선포하는 것이다. 그러므로 축복하는 사람을 하나님
이 얼마나 기뻐하시겠는가.

축복은 축복에 대한 믿음을 가지고 선포하는 것이다. 축복에 대
한 믿음이 없는 사람은 며칠 하다가 포기해 버린다.

축복에 대한 믿음은 예수님을 믿는 나에게 축복의 권세가 있음을 아는 것이다. 내가 축복하는 사람에게 하나님이 축복하신다는 믿음이다. 이 믿음이 기적을 일으키고 축복을 불러온다.

우리는 이 세상에서 영원히 살지 못한다. 그러나 우리가 시작한 축복은 자식에서 그 자식으로 또 그 자식에서 자식으로 흘러갈 것이다. 내가 믿음으로 자녀를 축복하고, 배우자를 축복했기 때문에 축복이 집안 대대로 흐르는 것이다.

우리가 축복의 원리를 알고, 축복하는 권세를 믿고, 자녀를 축복으로 키울 때 놀라운 삶을 살게 될 것이다. 기대되지 않는가?

안타깝게도 오랜 시간 신앙생활을 한 그리스도인도 축복권의 능력을 모르고 살아간다. 스마트폰에는 유용한 기능이 많이 있다. 스마트폰만 있으면 은행에 가지 않고 송금도 하고, 비행기 표도 끊을 수 있고, 외국에 있는 지인들과 화상 통화도 할 수 있고 영화도 찍을 수 있다. 그 비싼 스마트폰으로 통화만 한다면 값어치 있게 스마트폰답게 활용하는 것이 아니다.

예수님을 믿으면서 오직 영생과 구원으로 만족한다면 불쌍한 인생이다. 예수님은 구원을 선물로 주시면서 우리에게 축복권도 함께 주셨다. 하나님은 우리가 축복할 때 축복해 주신다.

축복권은 아담과 하와가 창조될 때 하나님께서 주신 선물이다. 하나님이 사람을 창조하시고 가장 먼저 주신 것이 축복이다.

'축복해도 성공한 사람이 해야 축복을 받지, 내 앞가림도 못하는 사람이 어떻게 축복을 해'라고 생각하는 사람이 있는가?

축복은 축복하는 사람이 어떠한가는 전혀 중요하지 않다. 성공한 사람인지, 그렇지 못한 사람인지 중요하지 않다. 중요한 것은 오직 축복에 대한 믿음이다. 축복에 대한 믿음이 있으면 반드시 하나님께서 축복하신다.

그들은 이같이 내 이름으로 이스라엘 자손에게 축복할지니 내가 그들에게 복을 주리라(민 6:27).

축복권이 얼마나 대단한 권세인지는 이삭이 축복한 것을 보면 분명히 알 수 있다. 이삭은 큰아들 에서를 축복하지 않고 둘째 아들 야곱을 축복했다. 그러자 축복이 야곱에게 흘러갔다. 둘째 아들 야곱을 축복했기 때문에 야곱의 후손에서 다윗 왕과 솔로몬과 예수님이 나왔다. 만약 아버지 이삭이 야곱이 아니라 에서를 축복했다면 다윗도 솔로몬도 예수님도 에서의 자손으로 왔을 것이다.

시샘당하는 축복권

모세 시대에 축복권은 제사장에게 주어졌다. 제사장이 축복하는 사람을 하나님께서 축복해 주셨다. 그러자 제사장 직분에 대한 시비가 일어났다. 바로 고라 사건이다. 고라가 모세와 아론에게 반기

를 들었고, 이스라엘 자손 가운데서 회중의 대표로 뽑힌 250명의
남자들이 합세하여 항의한다.

그들 요구의 핵심은 아론과 그의 아들들이 가지고 있는 제사장
직분을 달라는 것이다. 축복권이 있는 제사장을 왜 아론과 그 아들
들만 해야 하느냐고 불만을 가진 것이다.

모세와 아론은 괴롭다. 고라가 이스라엘 회중을 선동해서 둘을
공격한다. 축복권을 돌아가면서 소유하자는 고라의 말은 이스라엘
백성을 선동하기에 충분했다. 하지만 축복권은 돌아가면서 소유할
수 있는 것이 아니었다. 왜냐하면 하나님께서 주신 특권이기 때문
이다.

모세가 회중에게 말한다.

"고라와 그를 추종하는 자들에게로부터 멀리 떨어지시오. 하나
님께서, 당신들이 듣도 보도 못한 일을 일으켜서, 땅이 그 입을 벌
려, 그들이 산 채로 스올로 내려가게 되면, 그 때에 당신들은 이 사
람들이 하나님을 업신여겨서 벌을 받았다는 것을 알게 될 것이오"

(민 16:26-30 새번역).

모세가 말을 마치자마자, 그들이 딛고 선 땅바닥이 갈라지고 땅이 그 입을 벌려 그들과 그들의 모든 소유를 삼켜 버렸고, 주변에 있던 모든 이스라엘 사람이 기겁하면서 소리치며 달아났다.

엄청난 일을 본 이스라엘 백성이 다음 날 모세와 아론에게 순종해야 하는데 그렇지 않았다. 오히려 이스라엘 백성은 분을 내며 규탄하기 시작했다.

"당신들이 주님의 백성을 죽였소. 당신들 때문에 이스라엘 백성 대표 250명과 고라 가족들이 죽었소."

아직도 제사장의 축복권이 아론과 그 아들들에게만 독점되는 것을 용납하지 못하는 것이다. 난감해진 모세는 하나님께 엎드렸다.

하나님께서 말씀하셨다.

"너는 이스라엘 자손에게 말하여 각 지파별로 지팡이 하나씩 열두 개를 모아라. 너는 그것들을 회막 안 언약궤 앞에 두어라. 내가 택하는 바로 그 한 사람의 지팡이에서는 움이 돋아날 것이다. 너희를 거역하여 불평하는 이스라엘 자손의 불만을 내가 없애고야 말겠다"(민 17장).

이튿날 모세가 증거 장막 안으로 들어갔다. 아론의 지팡이에는 움이 돋았을 뿐 아니라, 싹이 나고, 꽃이 피고, 살구 열매까지 맺은 것이 아닌가.

축복권은 아무에게나 주는 것이 아니다. 아론과 그의 아들들에
게 주신 특권이다. 이것이 신약 시대로 넘어오면서 예수님이 대제
사장이 되셨고, 예수님을 따르는 모든 이에게 제사장의 직분을 부
여해 주셨다. 베드로 사도는 이렇게 말한다.

그러나 너희는 택하신 족속이요 왕 같은 제사장들이요 거룩한 나라
요 그의 소유가 된 백성이니(벧전 2:9).

그의 아버지 하나님을 위하여 우리를 나라와 제사장으로 삼으신 그
에게 영광과 능력이 세세토록 있기를 원하노라 아멘(계 1:6).

예수 믿는 우리는 왕 같은 제사장이다. 우리에게는 축복권이 있
다. 예수 믿는 사람에게 축복권을 선물로 주셨다. 예수 안 믿는 부
모가 어떻게 자녀를 축복할 수 있겠는가? 예수 안 믿는 사람이 어
떻게 이 민족을 축복할 수 있겠는가? 축복은 선택받은 우리들의
특별한 권세다. 나에게 축복권이 있는 것을 믿는가?

미국인들이 가장 존경하는 에이브러햄 링컨 대통령은 이렇게 말
한다.

지금의 나를 만든 것은 어머니의 축복 기도입니다. 내가 잠자리
에 들 때나 잠자리에서 일어날 때는 언제나 어머니의 손이 머리

에 얹혀 있었습니다. 어머니의 기도는 나를 격려하는 축복으로 넘쳐났습니다. 우리가 살던 통나무로 지은 오두막집 구석구석에는 어머니의 축복 기도 소리가 가득히 스며 있었습니다. 어머니가 내게 주셨던 축복의 말씀은 내가 들에서 일할 때도, 선거에서 여러 번 낙선했을 때도, 내가 상원의원과 대통령의 자리에 있을 때도 언제나 내 귓전을 떠나지 않았습니다. 어머니의 축복 기도가 오늘의 나를 만들었습니다.

축복권에는 하나님이 흘러야 한다

아므람의 아들들은 아론과 모세이니 아론은 그 자손들과 함께 구별되어 몸을 성결하게 하여 영원토록 심히 거룩한 자가 되어 여호와 앞에 분향하고 섬기며 영원토록 그 이름으로 축복하게 되었느니라 (대상 23:13).

아론과 그의 아들들이 제사장으로 세움을 입는 장면이 레위기 8장에서부터 시작된다. 먼저 아론에게 제사장 옷 에봇을 입히고, 네 아들인 나답, 아비후, 엘르아살, 이다말을 제사장으로 성별하여 세운다.

그리고 7일 동안 아론과 이스라엘 백성은 제사장 위임 제사를 드린다. 속죄제와 번제와 화목제를 다 드린 후에 아론이 백성을 향해 손을 들어 축복하자 여호와의 영광이 온 백성에게 나타나며, 불이 여호와 앞에서 나와 제단 위의 번제물과 기름을 불사른다. 이 장면을 본 이스라엘 백성이 경이롭고 두려워서 소리 지르며 엎드렸다.

다음 날이다. 첫째 아들 나답과 둘째 아들 아비후가 제사장으로 하나님 제단에 하루 두 번 향을 피우는데 그만 하나님으로부터 불이 나와서 둘 다 그 자리에서 타 죽고 말았다.

왜 나답과 아비후가 불에 타 죽었는지 성경에 그 이유가 나와 있다. 하루에 두 번씩 성소에서 분향할 때 번제단의 불만을 사용해야 한다는 규례가 있는데, 그들은 이 규례를 어기고 다른 불을 사용하다 그 자리에서 죽게 된 것이다.

번제단에 있는 하나님의 불을 사용해야지 다른 불을 사용하면 안 된다는 것이 확고한 하나님의 뜻이다. 그러면 번제단에 있는 불은 무엇이고 다른 불은 무엇일까?

이 말씀을 축복과 연결해서 묵상해 보았다. 하나님의 불과 다른 불. 축복도 두 가지다. 하나님의 축복과 다른 축복이다.

우리는 축복을 물질적인 것으로만 생각하는 경향이 있다. 축복은 물질주의를 뛰어넘는 개념이다.

하나님은 내 소유를 통해서 자녀를 축복하지 않으신다. 내 소유와 내 성공을 통해 자녀를 축복하려는 것은 다른 불을 사용하는 것이다. 즉 다른 축복이다. 축복의 불은 하나님의 제단, 하나님에게서 나와야 한다. 자녀를 축복할 때 하나님의 것으로 축복해야 한다.

축복은 하나님의 마음으로 하는 것이요, 하나님의 방법으로 하는 것이다. 하나님은 사랑이시다. 사랑은 오래 참고, 사랑은 온유하며, 사랑은 무례히 행하지 아니하며, 사랑은 성내지 아니하며, 모든 것을 참으며, 모든 것을 믿으며, 모든 것을 바라며 모든 것을 견디는 것이다. 하나님 사랑의 불이 활활 타오르게 하는 것이 축복이다.

자녀의 인생을 변화시키는 축복

우리 교인 중에 중학생 아들 때문에 늘 울면서 기도하는 분이 있었다. 아들이 얼마나 속상하고 답답하게 하는지 모른다. 집에서는 동생들을 쥐 잡듯이 하고, 자기 기분에 따라 함부로 대해서 조용할 날이 없었다. 동생들에게는 폭군처럼 굴지만 자기보다 힘센 친구 앞에서는 고양이 앞의 쥐였다. 학교에서 따돌림당하던 아들은 매일 엄마에게 징징거리며 학교 가기 싫다고 떼를 썼다.

이 아이가 학생부 수련회에 참석했다. 나는 이 아이를 볼 때마다 축복해 주었다. 기도 시간에는 붙들고 축복하며 기도했다. 그날 밤

아이는 신비한 꿈을 꾸었다.

꿈속에서 종이 한 장이 날아다니는데 한 음성이 들렸다.

"애야, 이 종이를 타고 네 몸속으로 함께 들어가 보자."

종이를 타고 머릿속으로 들어가서 보니 머리의 80퍼센트는 컴퓨터 게임과 나쁜 생각으로 가득 차 있었고, 10퍼센트에만 한의사가 되고 싶은 꿈이 자리 잡고 있었다. 마음은 거의 검게 변해 있었고, 하얀 부분은 아주 조금 남아 있었다. 검은 마음 안에 조그마한 못된 아이들이 자기를 째려보고 있었다. 마음속 하얀 부분에는 천사들이 있었는데 눈이 부셔서 눈을 가려야 했다. 그때 이런 음성이 들렸다.

"네가 나쁜 생각, 나쁜 일을 할 때는 검은 아이들이 네 마음을 부추기는 것이고, 네가 착한 일을 할 때는 하얀 천사들이 너를 도와주기 때문이란다."

그리고 그동안 자신이 한 모든 나쁜 일들이 보였다. 엄마에게 욕하고, 몰래 담배 피우고, 어린 동생들 때리고, 나쁜 짓 하며 놀았던 것을 영화처럼 보여 주셨다.

'아, 내가 이렇게 나쁜 짓을 많이 했구나' 하는 후회가 밀물처럼 밀려왔다. 꿈에서 깼을 때 온몸에 힘이 빠져서 일어나기조차 힘들 정도였다. 아이는 꿈꾸기 전에는 하나님이 살아 계신 것을 믿지 않았다. 친구들에게 따돌림당하고 괴롭힘당해도 하나님이 자신을 도와주지 않는다고 생각했다. 하지만 꿈을 꾼 후에는 하나님이 살아 계신다는 확신이 들었다.

말썽만 부리고, 따돌림당하고, 천방지축이던 아이의 마음에는 아무 희망이 없었다. 공부를 하나, 착하기를 하나, 부모 말씀 잘 듣기를 하나 믿을 만한 구석이 없는 아들이었다. '차라리 내 자식이 아니었으면 좋겠다'라고 아이의 어머니는 포기하고 싶을 정도였다. 그런데 아이가 달라졌다. 예수님 이름으로 축복하자 변하기 시작했다.

아이의 머리를 지배하는 80퍼센트는 게임과 나쁜 생각이었고, 자신의 꿈은 고작 10퍼센트였다. 마음 대부분은 검은 마음이었다. 하얀 마음은 한구석에 조금 남아 있을 뿐이었다. 그런데 축복이 이 아이를 변화시키기 시작했다. 축복이 10퍼센트밖에 없는 꿈을 점점 더 키워주기 시작했다. 한쪽 구석의 하얀 마음을 점점 더 크게 만들어 주었다.

이렇듯 축복에는 창조적이고 회복시키고 치유하는 능력이 있다. 축복의 권세를 믿고 축복을 베푸는 선한 그리스도인을 삶을 살기 바란다.

축복이 흐르는 말을 하자.

"미안해, 사랑해, 고마워"는 축복이 흐르고 행복을 부르고 천국을 가꾸는 말이다. 이 세 마디가 얼마나 중요한지를 확인하려면 그 반대를 생각해 보면 된다. 만일 여러분의 자녀가 전혀 미안해할 줄도, 사랑할 줄도, 고마워할 줄도 모르는 사람으로 자랐다면 얼마나 끔찍하겠는가?

축복이 사라진 가정은 "미안해, 사랑해, 고마워"라는 말을 하지 않는다. 대신 쉽게 불평하고 서로 원망하며 산다. 갈라진 사회, 갈라진 교회, 갈라진 가정의 처방전은 진심을 담아 "미안합니다. 감사합니다. 사랑합니다"를 고백하는 것이다.

"미안합니다"는 내 탓이라는 고백이다.

"감사합니다"는 당신 덕분이라는 마음의 표현이다.

"사랑합니다"는 당신 덕분에 행복하다는 진심 어린 고백이다.

누추함과 어리석은 말이나 희롱의 말이 마땅치 아니하니 돌이켜 감사하는 말을 하라(엡 5:4).

16

축복은 축복하는 사람을 축복한다

악을 악으로, 욕을 욕으로 갚지 말고 도리어 복을 빌라 이를 위하여
너희가 부르심을 받았으니 이는 복을 이어받게 하려 하심이라(베드로
전서 3장 9절).

야수도 변화시키는 사랑

아이들이 좋아하는 《미녀와 야수》 이야기다.

옛날에 한 부유한 상인이 세 딸, 세 아들과 함께 행복하게 살고
있었다. 여섯 남매 모두 외모가 출중하고 아름다웠다. 막내딸 벨은
특히 더 예쁘고 마음씨도 고왔다. 그러던 어느 날 거래할 물건을
실은 상인의 배들이 거센 폭풍에 난파되면서, 상인은 모든 재산을
잃고 유일하게 남은 시골집으로 이사를 한다. 얼마 후, 난파된 배

중에 한 척이 항구로 오고 있다는 소식에 상인은 부랴부랴 길 떠날 준비를 했다. 항구로 가기 전에 막내딸 벨에게 무슨 선물을 원하는지 묻자, 벨은 예쁜 장미꽃 한 송이라고 말한다.

길을 떠난 상인은 도리어 사기를 당하고, 더욱 궁색해진 모습으로 돌아오던 중 폭풍우를 만난다. 때마침 근처에 있는 오래된 성으로 몸을 피한 상인은 그곳에서 눈에 띌 정도로 아름다운 장미 한 송이를 꺾는다. 사랑하는 벨에게 선물로 줄 장미를 구한 것이다. 하지만 이 일은 성의 주인인 야수를 크게 분노하게 했고, 야수는 상인을 죽이려고 했다. 상인이 살려달라고 애원하자, 살고 싶으면 딸 중에 한 명을 성으로 보내라는 조건을 내세운 후 돌려보낸다. 간신히 집으로 돌아온 상인은 딸들에게 자신이 야수의 성에서 겪은 일을 얘기해 주었다. 하지만 딸들의 반응은 냉랭하기 그지없었다. 결국 마음 착한 벨이 아버지를 대신해 야수의 성으로 갔다.

성에서 벨과 지내면서 사랑에 빠지게 된 야수는 벨이 가족을 그리워하자 마법 거울로 아버지를 비춰준다. 거울 속에서 병든 아버지의 모습을 보고 마음 아파하는 벨을 위해 야수는 일주일의 시간을 준다. 그런데 언니들은 벨이 성에서 아주 잘사는 것을 질투하며 오랫동안 성으로 돌아가지 못하게 방해한다. 벨은 마법 거울을 통해 죽어가는 야수의 모습을 보고, 즉시로 성으로 달려간다. 그러나 너무 늦었다. 죽은 야수를 끌어안고 뒤늦은 사랑 고백을 하는 순간

추악한 야수는 아주 훤칠한 왕자로 변하여 되살아났다. 어리둥절
해 하는 벨에게 왕자로 변한 야수가 모든 것을 설명해 주었다.

오래전 왕자는 사악한 요정의 청혼을 받았다. 왕자가 청혼을
거절하자, 사악한 요정은 저주를 걸어 야수로 만들어 버린 것이
다. 왕자와 벨은 결혼식을 올리고 오래오래 행복하게 살았다.

세상에 야수로 태어나는 사람은 없다. 우리는 모두 하나님 형
상대로 지음을 받은, 멋진 왕자와 예쁜 공주로 태어났다. 그런데
자라면서 무시당하고, 상처받고, 비교당하면서 야수로 변하는 것
이다.

악을 악으로 갚지 말라

악을 악으로, 욕을 욕으로 갚지 말고 도리어 복을 빌라 이를 위하여
너희가 부르심을 받았으니 이는 복을 이어받게 하려 하심이라(벧전
3:9).

또 눈은 눈으로, 이는 이로 갚으라 하였다는 것을 너희가 들었으나
나는 너희에게 이르노니 악한 자를 대적하지 말라(마 5:38-39).

악을 악으로, 욕을 욕으로 갚는 것은 우리에게 유혹이다. 만약

여러분의 배우자가 다른 사람과 바람을 피운다면 어떻게 하고 싶은가.

'너도 그래, 난 못할 줄 알아?'

분하고 억울한 마음에 맞대응할 생각인가? 이것은 악을 악으로, 욕을 욕으로 갚는 것이다. 눈에는 눈, 이에는 이로 대응하는 것이다. 이런 식으로 대응하면 아이들에게 지울 수 없는 상처를 남기게 된다.

악을 악으로 갚고 싶은 유혹을 이긴 사람이 있다. 바로 다윗이다. 사울 왕은 다윗에게 위기의식을 느꼈다. 사울은 천천이요 다윗은 만만이라는 여인들의 노래에 시기와 질투심이 불타기 시작했다. 이제 다윗이 얻을 것은 왕위뿐이라고 생각한 사울은 그를 저주하고 죽이려 한다.

안타깝게도 다윗을 저주하던 사울 왕이 오히려 저주를 받는다. 다윗은 시편에서 이렇게 노래한다.

저주하면 저주가 나에게로 올 수 있다. 결국, 블레셋과의 전투에서 사울 왕과 장남 요나단이 대패하고 전사한다. 비극적인 소식이 왕궁에 전해졌을 때, 요나단의 아들 므비보셋의 유모가 왕세손을 안고 급히 도망가다 그만 땅바닥에 떨어뜨린다. 이 일로 므비보셋은 평생 불구로 살아야 했고 사울 왕의 가문은 몰락했다. 저주하기를 좋아하더니 그 저주가 가문에 임한 것이다.

화풀이 기도

> 하나님, 내가 주님을 찬양합니다. 잠잠히 계시지 마십시오. 악한 자와 속이는 자가 일제히 나를 보고 입을 열고, 혀를 놀려서 거짓말로 나를 비난합니다. 미움으로 가득 찬 말을 나에게 퍼붓고, 이유도 없이 나를 맹렬하게 공격합니다.
> 그가 살 날을 짧게 하시고 그가 하던 일도 다른 사람이 하게 하십시오. 그 자식들은 아버지 없는 자식이 되게 하고, 그 아내는 과부가 되게 하십시오. 그 자식들은 떠돌아다니면서 구걸하는 신세가 되고, 폐허가 된 집에서마저 쫓겨나서 밥을 빌어먹게 하십시오. 빚쟁이가 그 재산을 모두 가져가고, 낯선 사람들이 들이닥쳐서, 재산을 모두 약탈하게 하십시오(시 109:1-3, 8-11 새번역).

이 말씀은 다윗이 저주하고 싶도록 고통스러운 마음을 하나님께 풀어낸 것이다. 나는 이것을 '화풀이 기도'라고 부른다. 다윗은 마음속에 쌓인 화를 기도로 풀어내었다. 만약 다윗이 자신을 죽이려고 한 사울 왕을 저주했다면, 그를 죽일 수 있는 두 번의 기회가 왔을 때, 저주한 대로 죽였을 것이다.

어느 깊은 밤중에 다윗과 아비새가 사울 왕 막사에 몰래 잠입했다. 아비새는 흥분을 감추지 못했다.

"하나님이 오늘, 이 원수를 장군님의 손에 넘겨 주셨습니다. 제가 그를 당장 창으로 찔러 땅바닥에 박아 놓겠습니다. 두 번 찌를 것도 없이, 한 번이면 됩니다"(삼상 26:8 새번역).

그러나 다윗은 아비새를 타이른다.

"그를 죽여서는 안 된다. 그 어느 누구든지, 주님께서 기름 부어 세우신 자를 죽였다가는 벌을 면하지 못한다. 주님께서 확실히 살아 계심을 두고 말하지만, 주님께서 사울을 치시든지, 죽을 날이 되어서 죽든지, 또는 전쟁에 나갔다가 죽든지 할 것이다"(삼상 26:9-10 새번역).

자신이 복수하지 않았다. 하나님께 맡겼다. 평생 후회할 수도 있었다. 만약 사울 왕에게 잡혀서 처형당한다면 사울을 죽이지 못한 것이 뼈아픈 후회가 될 수도 있다. 그런데도 다윗은 복수하지 않았다. 다윗은 하나님께 자신을 죽이려고 추격해 오는 사울 왕이 빨리 죽게 해달라고, 아내는 과부가 되고, 자식은 고아가 되게 해달라고 기도했지만, 막상 죽일 기회가 생겼을 때는 하나님께 맡겼

다. 바보 같은 행동이다. 이 바보스러움은 예수님에게도, 바울 사
도에게도, 베드로 사도에게도 나타난다.

> 또 수고하여 친히 손으로 일을 하며 모욕을 당한즉 축복하고 박해를
> 받은즉 참고 비방을 받은즉 권면하니 우리가 지금까지 세상의 더러
> 운 것과 만물의 찌꺼기 같이 되었도다(고전 4:12-13).

당해 주는 것이다. 모욕을 당하지만 축복하는 것이다. 비방 받
지만 따뜻하게 권면하는 것이다.

축복으로 자라는 아이들

> 악을 악으로, 욕을 욕으로 갚지 말고 도리어 복을 빌라 이를 위하여
> 너희가 부르심을 받았으니 이는 복을 이어받게 하려 하심이라(벧전
> 3:9).

하나님은 악을 악으로, 욕을 욕으로 갚은 것이 아니라, 오히려
그 사람을 위해 기도하고 축복하도록 우리를 부르셨다.

하나님은 우리를 축복하는 사람으로 만들려고 예수님 믿게 하신
것이다. 왜 그런 줄 아는가? 복 받으라고 그러신 것이다. 복을 빌

면 복을 이어받게 된다. 축복하면 그 축복은 다시 축복하는 사람을 축복한다.

돌잔치 예배 때 내가 부모에게 묻는 말이 있다.

"이 아기가 아빠와 엄마보다 얼마나 더 훌륭해지기 원하세요? 두 분보다 얼마나 더 행복했으면 좋겠어요? 열 배, 스무 배? 지금 말한 대로 될 거예요."

"백만 배요!"

모든 부모는 내 아이가 아빠 엄마보다 백만 배 더 훌륭하고 행복하게 잘살기를 원한다. 그렇게 되려면 내 몸의 습관대로 키우면 안 된다. 내 몸에 밴 습관은 내 부모님이 나를 키우신 방식이다. 내 몸에 밴대로 키우면 나와 비슷해진다. 나보다 훌륭하게 키우려면 성경 말씀대로, 예수님 방식대로 키워야 한다. 혼내거나 야단치지 않고 키워야 한다. 누군가는 이렇게 물을 수 있다,

"목사님, 야단치지 않고 매 들지 않고 어떻게 키울 수 있나요. 제대로 훈육할 수 없지요."

야단치면 고쳐지는가? 야단쳐도 그때뿐이다. 고쳐지지 않는다. 좋은 말로 해도 안 고쳐지고, 야단쳐도 안 고쳐진다. 부모가 야단치면 몰래 한다. 부모 앞에서 하는 행동과 안 보이는 곳에서 하는 행동이 다르다.

그러면 나쁜 버릇과 습관은 언제 고쳐질까? 때가 되면 고쳐진

다. 사랑하고 축복해 주면 건강하게 마음과 인격이 자라면서 때가 되면 고쳐진다.

우리가 자녀 교육에 실패하는 이유가 있다. 자녀 버릇 고치려다가 자꾸 관계를 깨뜨리는 것이다. 공부 조금 더 시키려다가 부모와 자식 관계만 나빠진다.

아이가 온종일 손에서 스마트폰을 놓지 않고 계속한다면 어떻게 해야 할까? 당장 스마트폰을 빼앗고 싶을 것이다. 중국에서는 엄마가 스마트폰 압수했다고 열세 살 된 아이가 11층에서 뛰어내려 자살하기도 했다.

아주 보수적인 남자 집사님의 아들이 힙합 바지를 입고 온 동네를 쓸고 다녔다. 온갖 오물이 바지에 묻어서 볼썽사나울 정도였다. 참다못한 아버지가 바지 밑단을 싹둑싹둑 잘라버렸다. 아들은 친구 만나러 갈 때는 아버지가 잘라버린 바지를 입었는데, 슬그머니 옥상으로 올라가서 숨겨놓은 힙합바지로 다시 갈아입고 나가더란다. 혼내고 야단치면 관계는 관계대로 나빠지고, 아이들은 부모 몰래 하는 방법을 개발해 낸다.

자녀 교육의 목표는 스스로를 다스리는 힘을 키워주는 것이다. 사람은 누구나 내 마음대로 잘 안 된다. 아이나 어른이나 마찬가지다. 그래서 불행한 것이다.

아이들도 잘 알고 있다. 스마트폰에 매달리고 인터넷 게임에 빠지면 안 된다는 사실을. 하지만 잘 안 되는 것이다.

아이들만 그러는가? 어른들도 마찬가지다. 매일 운동하겠다고, 다이어트하겠다고 결심에 결심을 하지만 생각만큼 쉽지 않다. 꼭 운동해야 한다는 의사의 경고를 받으면 당장 헬스 회원권부터 끊는다. 한 일주일 정도는 열심히 나간다. 하지만 한 달 못가서 그만두는 사람이 태반이다.

내 마음대로 잘 안 되는 것이다. 내 마음대로 되게 하려면 스스로를 다스리는 힘을 키워야 한다. 이 힘이 자존감이다.

"나는 괜찮은 사람이다. 나는 소중한 사람이다. 결심하면 하는 사람이다. 모든 것이 잘될 것이다."

이것이 자존감이다. 축복은 건강한 자존감을 만들어낸다. 축복은 "하나님은 널 사랑해. 하나님이 잘되게 하실 거야"라고 선포하는 것이고, 이 축복이 자존감을 만들고, 자존감이 집중력을 만들어낸다.

자녀를 축복으로 칭찬과 격려로 양육해 보라. 일이 년 하다가 포기하지 말고, 십 년, 이십 년 꾸준히 축복하며 키워보라. 마음속으로 천 번, 만 번 다짐해야 할 것이다.

'내 습관대로, 내 방식대로 키우지 않으리라. 성경 말씀대로 키우리라. 예수님 방식으로 키우리라. 혼내고 야단치지 않으리라. 때리지 않고 날마다 축복하며 키우리라. 오직 사랑과 칭찬과 격려와

기도와 축복으로만 키우리라.'

자녀를 축복하면 그 축복이 나에게 되돌아온다. 축복하는 나를 다시 축복한다. 자녀가 자랑스러운 아들 딸이 되어 내 인생을 축복한다. 축복은 한 집안의 머리 된 사람을 기점으로 모든 가족에게 흘러 내려간다.

인생 역전을 꿈꾸는가? 불행한 인생을 행복한 인생으로 바꾸고 싶은가? 축복을 시작하기 바란다. 가족 때문에 실망스럽고 사는 게 고통스러운가? 지금 바로 축복을 시작하기 바란다. 축복하면 그 축복이 다시 나를 축복할 것이다.

행동 지침

30년 가슴에 품은 사랑보다 3초 고백이 더 귀하다는 금언이 있다.

지금 당장 전화기를 들고 사랑하는 이에게 사랑한다고, 미안하다고, 감사하다고 마음을 담아 고백해 보자.

이런 말하기가 너무 민망하고 쑥스럽다면 문자를 보내는 방법도 있다.

주의할 점은 장난스럽게 하지 말고, 진지하게 마음을 담아 보내야 한다.

아니면 이런 방법은 어떨까?

집에 들어갈 때 꽃집에 들러 예쁜 꽃 한 송이를 사자.

(세상에 꽃 싫어하는 사람은 없을 것이다.)

"당신 생각나서 샀어"라고 무심하게 말하며 전해 주자. 이때 꽃은 한 다발이 아니어도 괜찮다. 장미꽃 백 송이, 이런 건 오히려 역효과만 있을 뿐이다.

"꽃은 언제나 사람을 더 낫게, 더 행복하게, 더 유익하게 만든다. 꽃은 영혼을 위한 햇빛이고, 음식이며, 약이기 때문이다"라고 말한 식물학자 루시 버뱅크의 말을 믿어 보자.

개척 교회 시절 나는 어눌한 설교자였다. 설교 마치고 내려온 나에게 어느 집사님이 "송 전도사님, 더듬거리는 설교 더는 못 듣겠어요. 웅변학원 좀 다니세요"라고 말했다. 쥐구멍이라도 찾아 들어가고 싶었다. 그래도 자존심은 있어서, 설교 준비는 꼭 성구 사전과 성경만으로 했다.

어느 날이다. 머리를 쥐어짜며 설교 준비를 하는데, 성경 본문만 정해졌지 도무지 내용이 써지지 않았다. 끙끙거리다 보니 11시 주일 예배 시간이 되었다. 할 수 없이 성경책을 들고 예배당에 들어섰다. 그래도 믿는 구석이 있었다. 심방 설교할 때 성경에 붙여 놓은 포스트잇 설교 메모다. 그런데 이게 웬일인가? 30평 예배당에 일곱 명쯤 앉아 있어야 할 좌석이 60~70명으로 꽉 차 있었다.

'도대체 이 사람들이 어디서 온 거야. 하필 오늘 같은 날에.' 설교시간이 되었다. 성경을 펴는데, 이게 어찌 된 일인가? 내 성경이 아니었고 포스트잇도 없었다. 식은땀이 나기 시작했다. 기억을 더듬었다. '요한복음이었지.' 이게 또 어찌 된 일인가? 한글 성경이 아니고 중국어 성경이었다. 내 얼굴은 하얗게 질려가고 있었고, 사람들은 웅성거리며 "뭐 이런 교회가 있어" 하며 예배당을 나갔다. '아, 나는 망했다.' 땅을 치며 울고 싶었다. 꿈이었다. 꿈인 것이 얼마나 다행이고 감사하던지. 이렇듯 나는 한 달에 세 번 정도 설교에 대해 가위눌리는 꿈을 꾸었다.

참 어눌한 설교인데도 은혜를 받아주었던 이웃사랑교회 교인들에게 감사드린다. 이분들의 인내와 사랑, 그리고 기도는 큰 힘이 되었다.

3년 전, CBS 방송국 김영범 목사님이 방송국 직원 예배에 초청해 주었다. 20분 남짓 설교하고 돌아왔는데 직원들이 은혜받은 모양이다. 최인 선교 TV 본부장님이 몇 번 약대교회에서 예배를 드렸고 CBS TV에 올리자고 제안하셨다. 거절할 수밖에 없었다. 예전에 나는 CBS 〈새롭게 하소서〉에 출연한 적이 있는데, 방송에 맞는 인물이 아니었다. 카메라만 보면 표정은 굳어졌고 말은 어눌했다. 그런데 괜찮다는 것이다. 내 설교가 CBS에 걸맞은 설교라는 것이다. 설교가 전국으로 방송된다는 것은 무거운 짐이다. 설교에 성경적 깊이와 말씀의 감동을 담는 것은 크나큰 숙제였다. 그러나 이

숙제가 없었다면 이 책은 나오지 못했을 것이다. 머뭇거리던 나를 용감하게 세워주신 CBS TV에 감사드린다.

주일 예배 후에 "목사님, 설교 말씀에 은혜받았어요"라고 말씀해 주시는 약대교회 장로님들과 모든 성도에게 감사하다. 성도들의 격려와 사랑은 나를 더 나은 설교자로 세워주는 주님의 손길이었다.

우리 교회 집사인 올리브북스 김은옥 사장님은 이 책이 나오도록 나에게 용기를 주었고 나보다 더 많은 수고를 해주었다. 내게 하나님이 보내준 천사와 같다.

이 책은 축복에 관한 것이다. 축복을 실험했던 곳은 우리 가족이었다. 그래서 이 책은 우리 가족이 공동 저자인 셈이다. 사랑하는 아내 신현미와 멋지게 자라준 백범이와 주하에게 사랑과 감사의 마음을 전한다. 그리고 축복으로 나를 빚어주신 하나님 아버지에게 모든 영광을 돌린다.

약대동 목양실에서
송규의 목사